북유럽 이유식 K-푸드와 만나다

북유럽 이유식
K-푸드와 만나다

초판 1쇄 인쇄_ 2024년 10월 20일 | **초판 1쇄 발행_** 2024년 10월 25일
지은이_신윤정 | **펴낸이_**하태복 | **펴낸곳_**이가서
디자인_윤영화
주소_서울시 중구 서애로 21 필동빌딩 301호
전화_02)2263-3593 | **팩스_**02)2272-3593 | **출판등록_**제10-2539호
E-mail_ leegaseo1@naver.com
ISBN_978-89-5864-424-8 13690

북유럽 이유식
K-푸드와 만나다

신윤정(의학박사 소아과 전문의) 지음

France
Germany
Norway
Finland
Netherland
Sweden

이가서
Leegaseo publishing

프롤로그

　처음 출판사로부터 의뢰받은 것은 이유식에 관한 책을 써보자는 것이었다. 그러나 시중에 나와 있는 이유식 책들을 살펴보면 예쁜 그림과 사진, 각종 재미있고 특이한 요리법이 소개되어 있어 내가 이유식에 관한 책을 쓴다는 것 자체가 대략 난감하였다. 그러나 이가서 대표님께서 내 자신의 생각과 의도를 존중해주셔서 내 마음가는대로 한 번 책을 써보라고 하셨기에, 평소 하고 싶었던 이야기들을 하나하나 풀어가보는 방식을 택하여 보기로 했다.

　이 책에는 임신을 준비하는 가임기 여성부터 임산부와 분만 후 모유를 먹이려는 엄마들에게도 도움이 될 만한 정보들을 수록하였다. 좀 더 광범위한 내용을 조사하고 연구하여 소개하고 싶었지만, 이번에는 욕심만큼 충분한 내용을 담기에는 여러가지 개인적인 제약들로 부족한 부분이 많았다.

그럼에도 불구하고 이 책을 통해, 무엇보다 산모가 먹어야 될 것, 금지해야 할 것들에 대한 명확한 가이드라인을 주고 싶었고, 분만을 하면 무조건 하루에 5~6회 정도의 미역국 홍수에 시달리는 산모들에게도 보다 유연하고 효과적인 정보를 제공하려고 노력하였다.

또한 젖을 떼고 이유식을 완성하기까지 엄마들이 들고오는 수많은 질문들 중 일부는 지면에서 제대로 다루어지지 않고 있다는 점을 고려하여 이제껏 교과서나 이유식에 관한 책에서 찾아보지 못했던 실질적인 정보들을 더하여 그간의 부족했던 부분들을 어느 정도라도 채워주려고 애썼다.

시중에는 영양가 있고 맛도 좋은 이유식 레시피를 담은 책들이 꽤 있다. 하지만 왜 그런 이유식이 필요한지를 좀 더 친절하게 알려준다면 준비하는 엄마 마음이 한결 가볍고 뿌듯하지 않을까?

각종 이유식 책에서 소개하고 있는 맛있고 멋있는 음식들을 만들어 주기에 너무 바쁘고 여유가 없는 우리의 엄마들에게 이유식은 특별한 음식을 먹이는 것이 아니라 우리가 먹는 평소의 밥상을 아이와 나누기 위한 적응과정이라는 점을 지적해주고 싶었다.

엄마들의 궁금증을 한층 더 해결해 주려는 욕심에 육아 선진국으로 불리는 북유럽 엄마들의 이야기부터 다양한 세계 각국의 이유식 이야기도 여기에 담고자 했다. 더 자세하게 많은 내용을 소개하고 싶었지만 앉은 자리에서 찾아낼 수 있는 정보에는 한계가 있었다. 다음에 기회가 된다면 유럽과 아시아의 여러 나라들을 직접 방문하면서 더 생생하고 많은 정보들을 담을 수 있는 기회가 있으면 좋겠다는 바람도 가져보았다.

시중에는 시판 이유식도 다양하게 소개되고 있고 최근에는 우리나라 엄마들도 시판 이유식을 이용하는 사례가 늘고 있다. 그러나 우리의 경우는 비교적 규모가 작은 기업이나 개인의 레시피를 중심으로 시판 이유식이 만들어지고 있기 때문에 다양한 듯 다양하지 않은 단점도 분명히 있다.

사실 이번에 시판이유식에 관해서도 소개하고 싶었지만, 그러기엔 아직 개인적인 운동

반경이나 시간적인 여유가 충분하지 않아 이번 호에서는 배제하였다.

마지막으로 '애들 키우는데 뭐 그렇게 호들갑이냐 그냥 미음만 먹여도 건강하게 잘 컸다'고 하시는 조부모님들께도 이 책의 내용만큼은 호들갑이 아닌 말이 되는 내용으로 여겨질 수 있기를 바라본다.

2024년 신윤정

CONTENTS

PART 4

출산 전, 후
엄마들을 위한
가이드

PART 5

이유식

PART 6
아이 주도형 이유식
(Baby-Led weaning)

PART 1

유럽의 이유식

임산부들에게 좋은 식품들
(북유럽 국가들)

①
임산부들에게 좋은 식품들
(북유럽 국가들)

예전에는 북유럽의 대부분의 국가들도 임산부들은 자기 자신만을 위하는 것이 최선이라고 생각했었다. 그러나 요즘은 임산부가 무엇을 먹더라도 반드시 두 사람 (아직 태어나지 않은 아이도 포함)을 위해 최선이 되는 식품을 선택할 것을 권장하고 있다.

출처:Livsmedelsverket (www.slv se)

Table Good to eat (먹기에 좋은 음식들)

1. 매일 500g의 과일과 채소를 먹도록 한다.(예를 들면 야채 2인분과 과일 3인분)

2. 매주 생선 2~3회; 예)먹어도 안전한 일반 생선, 생선 제품, 조개류

A. 모든 양식 생선

B. 알래스카 명태

C. 멸치

D. 푸른 홍합

E. 통조림 참치

F. 메기

G. 대구

H. 게, 흰살

I. 왕새우

J. 피쉬볼

K. 물고기 손가락

L. 가자미

M. 대구

N. 헤이케

O. 절인 청어를 포함한 청어

P. 호키

Q. 랍스터

R. 고등어

S. 가자미

T. 새우

U. 사이테

V. 연어와 송어

W. 정어리

X. 가리비

Y. 건어

Z. 틸라피아

AA. 송어

대구류의 한 종류

뉴질랜드 근해산 물고기

작은 대구

열대 지역에서 나는 민물고기

수은 때문에 – 일년에 한 두번 (1년에 최대 2∼3회 섭취)하는 것이 좋은 생선

대서양 가재(Hippoglossus hippoglossus)
모캐＊
퍼치＊＊
단창＊＊＊
파이크퍼치＊＊＊＊
레이
상어
황새치
참치(신선/냉동)

다이옥신, PCB로 인해–1년에 최대 2∼3회 섭취하도록 권장하는 생선들

＊ 잔류성유기오염물질(POPs, Persisetnet Organic Pollutants)은 잔류성이 강하고 자연 환경에 분산되어 있으며 생물 농축성과 독성을 가지고 있는 확학물질로 환경 중 잔류하여 식품에 이행됨. 특시, 다이옥신(Dioxin)과 폴리염화비페닐(Polychlorinated biphenyls)는 많은 식품에서 낮은 농도로 검출 되지만, 장기적으로 노출될 경우 인체에 위해한 영향을 줄 수 있다.(출처: Risk Assessment of POPs(Dioxins, PCBs) in Food for Safety Evaluation, 식품위해평가부 오염물질과, ScienceON 제공

발트해 청어, 발효된 발트해 청어
발트해, 베네른(Vänern) 호수 및 베테른(Vättern) 호수의 연어와 연어 송어, 베테른 호수(Lake Vättern)의 곤들매기이며, 이러한 생선은 일반 상점에서는 거의 찾을 수 없기 때문에 정식 경로를 통하지 않고 비상업적으로 잡힌 생선을 먹는 경우에 제한된다.

3. 탈지유(Skim Milk, 지방을 거의 제거한 우유), 천연 탈지 신 우유 (Fat-Free or Non-Fat Milk, 지방을 완전히 제거한 우유) 및 천연 저지방 요구르트, 하루 약 0.5*l* (탈지유와 탈지 신 우유는 지방 함량이 0.5%이하로 본빌적으로 동일한 제품으로 보아도 된다.)

4. 저지방 마가린을 샌드위치에 바르고 요리용 액상 마가린이나 기름을 바른다.

5. 육류, 닭고기, 계란, 콩, 렌틸콩 또는 완두콩을 매일 먹는다.

6. 빵과 감자, 쌀, 파스타, 불가르 밀 또는 이와 유사한 이유식을 매일 섭취한다. 대체 식품으로는 통곡물이 좋다.

모캐

파이크퍼치

퍼치; 농어

파이크: 단창

임산부는 얼마나 먹는 것이 좋을까?

　임산부는 충분한 영양을 섭취하기 위해 좋고 영양가 있는 음식을 먹는 것이 중요하지만 청량음료, 과자, 아이스크림, 케이크, 간식 등의 섭취를 줄이는 것이 좋다.

　단 것이 몹시 생각날 때, 피곤함이나 메스꺼움은 규칙적으로 식사를 하면(아침, 점심, 저녁 식사, 식사 사이에 무언가를 먹으면) 종종 줄어든다.

　임신 1~3개월: 과일 1인분

　임신 4~6개월: 1번의 간식과 1인분의 과일

　임신 7~9개월: 2번의 간식과 1일분의 과일

　정도를 일반 식사 외에 추가로 더 먹어두는 것이 좋다.

북유럽(스웨덴)에서 임산부들이 균형잡힌 식사를 할 수 있도록 권장하는 식품

1. 생선

- 지방이 많은 생선: 연어, 고등어, 청어 등 오메가-3 지방산이 풍부한 생선은 태아의 뇌 발달에 좋습니다.
- 주의사항: 수은 함량이 높은 생선은 피해야 합니다.

2. 유제품

- 치즈, 우유, 요구르트: 칼슘, 단백질, 비타민 D가 풍부하여 태아의 뼈와 치아 발달에 도움이 됩니다.
- 주의사항: 저온 살균되지 않은 유제품은 피해야 합니다.

3. 채소와 과일

- **다양한 채소와 과일**: 비타민, 미네랄, 식이섬유가 풍부하여 소화기 건강과 면역력 강화에 좋습니다.
- **베리류**: 블루베리, 라즈베리, 딸기 등은 항산화 물질이 풍부하여 특히 추천됩니다.

4. 통곡물

- **귀리, 통밀빵, 퀴노아**: 섬유질, 비타민 B군, 철분 등이 풍부하여 임신 중에 에너지를 공급하고 변비를 예방합니다.

5. 견과류와 씨앗

- **아몬드, 호두, 해바라기 씨**: 건강한 지방, 단백질, 비타민 E가 풍부하여 태아의 성장과 발달에 도움이 됩니다.

6. 콩류와 두부

- **렌틸콩, 병아리콩, 검은콩**: 식물성 단백질과 철분, 엽산이 풍부하여 임신 초기 태아의 신경관 결손을 예방합니다.

7. 물과 허브차

- **충분한 수분 섭취**: 임신 중 체액 증가와 소화를 돕기 위해 충분한 물을 마시는 것이 중요합니다.
- **허브차**: 카페인이 없는 허브차는 수분 보충에 도움이 되지만, 일부 허브는 임신 중 피해야 하므로 전문가와 상담이 필요합니다.

- 식이 보충제: 필요한 경우 철분, 엽산, 비타민 D 등의 보충제를 의사의 처방에 따라 섭취하는 것이 좋습니다.

- 균형 잡힌 식사: 다양한 음식군을 골고루 섭취하여 영양소를 균형 있게 섭취하도록 합니다.

임산부들에게 적합한 비타민과 미네랄의 섭취

　필요한 비타민과 미네랄을 섭취하는 가장 좋은 방법은 음식을 통해서다.

　비타민 D, 오메가-3 지방, 엽산, 철분이 풍부한 음식을 선택하고 특히 이들은 임신 중에 중요한 영양소이다.

1. 오메가-3, DHA

　연어, 고등어, 청어와 같은 기름진 생선에 많다.

　생선을 전혀 먹지 않는 임산부라면 특정 종류의 오메가-3 DHA를 별도로 섭취하는 것을 권한다.

2. 비타민 D

　탈지 우유, 탈지 신 우유, 천연 저지방 요구르트 등은 비타민 D 강화 식품이다. 게다가 대부분의 마가린, 생선과 계란, 햇빛 역시 비타민 D의 중요한 원천이다.

3. 엽산

　야채, 콩, 병아리콩, 렌틸콩, 과일, 딸기 및 통곡물 제품에 풍부하다.

　임신 가능성이 있는 여성이라면 태아의 척추 이분증의 위험을 줄이기 위해 임신 12주까지 매일 400mcg의 엽산 정제를 복용할 것을 권한다. 12주가 지나면 엽산 정제를 복용할 필요는 없으나 엽산이 풍부한 음식을 계속 섭취하는 것도 매우 중요하다. 임신 전반에 걸쳐 엽산은 자녀의 발달과 혈액 세포형성에 필요하기 때문이다.

4. 요오드

임산부가 요오드를 섭취하는 것은 중요하지만 요오드를 너무 많이 섭취하는 것은 주의해야 한다. 요오드가 강화된 소금을 주로 사용하며, 대부분의 미네랄, 허브 및 플레이크 소금은 요오드가 강화된 식품들이 아니란 점도 주의해야 한다.

5. 철분

철분이 풍부한 음식을 섭취하더라도 철분제제가 따로 필요할 수도 있다. 이는 체내에 얼마나 많은 철분이 저장되어 있는지에 따라 달라지기 때문에 조산사(북유럽의 경우, 특히 스웨덴, 대부분의 분만이 조산사를 통해 이루어진다)와 상담하도록 한다.

* 출처: 임신한 여성을 위힌 식품에 대한 조언, 스웨덴 식품청, 2008

분만 후 산후조리중인 산모들을 위한 식품

1. 생선

- 지방이 많은 생선: 연어, 고등어, 청어 등 오메가-3 지방산이 풍부한 생선은 태아의 뇌 발달에 좋다.
- 주의사항: 수은 함량이 높은 생선은 피해야 한다.

2. 유제품

- 치즈, 우유, 요구르트: 칼슘, 단백질, 비타민 D가 풍부하여 태아의 뼈와 치아 발달에 도움이 된다.
- 주의사항: 저온 살균되지 않은 유제품은 피해야 한다.

3. 채소와 과일

- 다양한 채소와 과일: 비타민, 미네랄, 식이섬유가 풍부하여 소화기 건강과 면역력 강화에 좋다.
- 베리류: 블루베리, 라즈베리, 딸기 등은 항산화 물질이 풍부하여 특히 추천된다.

4. 통곡물

- 귀리, 통밀빵, 퀴노아: 섬유질, 비타민 B군, 철분 등이 풍부하여 임신 중에 에너지를 공급하고 변비를 예방한다.

5. 견과류와 씨앗

- 아몬드, 호두, 해바라기 씨: 건강한 지방, 단백질, 비타민 E가 풍부하여 태아의 성

장과 발달에 도움이 된다.

6. 콩류와 두부

- 렌틸콩, 병아리콩, 검은콩: 식물성 단백질과 철분, 엽산이 풍부하여 임신 초기 태아의 신경관 결손을 예방한다.

7. 물과 허브차

- **충분한 수분 섭취**: 임신 중 체액 증가와 소화를 돕기 위해 충분한 물을 마시는 것이 중요하다.
- **허브차**: 카페인이 없는 허브차는 수분 보충에 도움이 되지만, 일부 허브는 임신 중 피해야 하므로 전문가와 상담이 필요하다.

- **식이 보충제**: 필요한 경우 철분, 엽산, 비타민 D 등의 보충제를 의사의 처방에 따라 섭취하는 것이 좋다.
- **균형 잡힌 식사**: 다양한 음식군을 골고루 섭취하여 영양소를 균형 있게 섭취하도록 한다.

일반적으로 북유럽에서 임산부들에게 권장되는 음식들이며 분만 후에도 크게 달라지지 않는 것 같다. 다만, 각 개인의 건강 상태와 필요에 따라 조정될 수 있다. 임신 중 특정 식단을 계획할 때는 항상 의료 전문가와 상담하는 것이 중요하다.

영유아 이유식에 대한 전반적인 가이드라인(북유럽국가들을 중심으로)

북유럽 국가들은 각국의 보건 당국과 영양 전문가들의 권고를 바탕으로 영유아의 이유식에 관한 일반적인 가이드라인을 제시하고 있다.

1. 이유식 시작 시기

- 6개월 전후: 북유럽 대부분의 국가에서는 생후 6개월부터 이유식을 시작하는 것을 권장한다. 이 시기는 모유나 분유만으로는 부족한 영양소를 보충할 수 있는 시기이기 때문이다.

2. 초기 이유식

- 단일 식품으로 시작: 알레르기 반응을 확인하기 위해 쌀가루, 감자, 당근과 같은 단일 식품으로 시작한다.
- 부드럽고 매쉬 형태: 초기 이유식은 부드럽게 으깬 형태로 제공하여 소화를 돕는다.

3. 다양한 식품 도입

- 다양한 과일과 채소: 이유식 초기 단계에서 다양한 과일과 채소를 도입하여 다양한 맛과 질감을 경험하게 한다.
- 단백질 식품 추가: 생후 7-8개월경부터 육류, 생선, 달걀, 콩류 등의 단백질 식품을 점차 추가한다.
- 통곡물: 귀리, 퀴노아, 보리와 같은 통곡물을 포함하여 섬유질과 비타민을 공급한다.

4. 알레르기 유발 식품 도입

- 점진적 도입: 생후 6개월 이후부터 알레르기 유발 가능성이 있는 식품(예: 달걀, 생선, 땅콩 등)을 소량씩 점진적으로 도입하여 알레르기 반응을 모니터링한다.

5. 자기 주도 이유식 (Baby-Led Weaning)

- 자가 이유식: 손으로 잡을 수 있는 크기로 자른 음식을 제공하여 아이가 스스로 먹는 자가 이유식 방법도 권장된다. 이는 식사에 대한 흥미를 높이고, 미세운동 발달에 도움이 된다.

6. 수분 섭취

- 물 제공: 이유식 시작과 함께 물을 제공하여 수분 보충을 돕는다.
- 과일 주스 제한: 과일 주스는 당분 함량이 높아 제한적으로 제공하며, 주로 물이나 모유/분유를 통해 수분을 섭취하게 한다.

7. 영양 보충제

- 비타민 D 보충: 북유럽 국가들에서는 햇빛 노출이 적기 때문에 비타민 D 보충제를 권장한다. 이는 뼈 건강과 면역력 강화에 중요하기 때문이다.

8. 식습관 형성

- 가족과 함께 식사: 영유아가 가족과 함께 식사하는 것을 장려하여 사회적 상호작용과 건강한 식습관을 형성하도록 한다.
- 다양한 식품과 질감: 다양한 식품과 질감을 경험하게 하여 편식을 예방하고, 식사에 대한 긍정적인 태도를 기르도록 한다.

9. 식품 안전

- 저염식: 아이의 신장 기능을 고려해 이유식에는 소금을 첨가하지 않는다.

- 저당식: 설탕이 첨가된 음식을 피하고, 자연 상태의 식품을 제공한다.

- 위생 관리: 음식은 청결하게 준비하고, 식기와 조리 도구도 깨끗하게 관리한다.

북유럽과 한국의 이유식 진행과정에 따른 차이점

북유럽과 한국의 이유식 진행 과정에는 문화적, 사회적 배경에 따라 차이가 있다. 이러한 차이점은 식단 구성, 이유식의 형태, 알레르기 식품 도입 방식, 가족의 식사 문화 등에 따라 결정된다.

다음은 북유럽과 한국의 이유식 진행 과정에서의 주요 차이점들이다.

1. 이유식 형태

- **북유럽**: 자기 주도 이유식(Baby-Led Weaning, BLW)을 선호하는 경향이 있다. 이는 아이가 스스로 손으로 음식을 집어먹는 방식으로, 다양한 질감과 형태의 음식을 제공하여 자율성을 길러 준다.
- **한국**: 전통적으로 죽이나 미음을 먼저 제공하며, 점차적으로 진밥이나 무른 음식으로 넘어간다. 초기 이유식은 주로 숟가락으로 먹이며, 부모가 직접 먹여주는 방식이 대부분이다.

2. 음식의 종류와 준비 방식

- **북유럽**: 다양한 식품군을 조기에 도입하여 영양의 균형을 맞추는 데 중점을 둔다. 생선, 육류, 채소, 과일 등을 으깨거나 부드럽게 조리하여 제공한다.
- **한국**: 초기 이유식에서는 쌀이나 쌀가루를 주로 사용하며, 차차 야채, 과일, 육류 등을 추가한다. 한식의 특성상 국이나 찌개 등 국물 요리를 이유식에 활용하는 경우도 많다.

3. 알레르기 유발 식품 도입

- **북유럽**: 알레르기 예방을 위해 다양한 음식을 조기에 도입하는 최신 연구 결과를 반영하여, 생후 6개월 이후부터 알레르기 유발 가능성이 있는 식품을 점진적으로 도입하는 편이다.
- **한국**: 알레르기 유발 식품에 대해 신중하게 접근하며, 일반적으로는 조금 더 늦게 도입하는 경향이 있지만, 최근, 식품 알레르기에 대한 연구 결과들을 반영하여 알레르기 유발 식품이라고 해서 무조건 피하거나 늦게 먹이는 습관을 지양하려고 노력하고 있다.

4. 가족과 함께하는 식사

- **북유럽**: 가족과 함께 식사하는 것을 중요시하며, 아이가 가족의 식사에 참여하도록 권장한다. 이는 사회적 상호작용과 식습관 형성에 긍정적인 영향을 주는 것으로 보인다.
- **한국**: 가족과 함께 식사하는 문화가 강하지만, 이유식 초기 단계에서는 별도로 준비된 이유식을 주는 경우가 많고, 아이가 자라면서 점차 가족 식사에 합류하게 된다.

5. 음식의 맛과 조미료 사용

- **북유럽**: 아이의 신장 기능과 건강을 고려하여 이유식에는 소금이나 설탕을 거의 사용하지 않으며, 자연 상태의 맛을 그대로 제공하는 편이다.
- **한국**: 전통적인 한식 문화에서 소금과 설탕을 사용하지 않으려 노력하지만, 어른 식단의 영향으로 간이 되는 경우도 있다. 하지만 최근에는 건강을 고려해 조미료 사용을 최소화하려는 노력이 늘고 있다.

6. 영양 보충제

- **북유럽**: 비타민 D 보충제를 거의 필수적으로 제공하는 경향이 있다. 이는 북유럽의 낮은 일조량 때문에 비타민 D 결핍을 예방하려는 목적이다.
- **한국**: 최근 모든 신생아에게 비타민 D 보충제를 먹이도록 권장하고 있다.

가장 큰 차이점은 북유럽은 이유식을 진행하는 동안에도 아기와 엄마를 함께 배려하기를 소홀히 하지 않는다는 점이다. 또한, 한국이나 미국의 경우 아이의 성장 발달에 따라 필요한 영양성분을 중심으로 연령에 따라 권장하는 식품을 선택하도록 한다면, 북유럽국가 대부분은 아이들이 어떤 맛에도 적응할 수 있도록 하며, 강박적인 의무감 보다는 즐겁게 먹는 법을 알려 주는 것에 더 무게를 두고 있다.

시판이유식: 때문에 북유럽에서는 조산사나 소아과의사들도 엄마들에게 시판 이유식을 사용하는데 거리낌 없이 권장하는 반면, 아직 한국의 의사들은 시판 이유식에 대한 정보나 이해가 상대적으로 부족한 것 같다.

더구나 한국의 여성들은 밖에서 일하면서 가사일도 함께 하는 슈퍼우먼들이 상대적으로 많다. 이런 환경에서 엄마들에게 매번 이유식을 만들어 먹이라고 강조하는 것은 분명 무리가 있다. 더구나 조부모님들께서 육아를 대신해주고 있는 가정의 경우, 아이를 돌보는 일 외에도 이유식도 준비해 달라고 부탁드리기가 쉽지 않다. 그런 경우 많은 며느리들이 시판 이유식을 주문해서 집으로 배달되도록 하는 것으로 알고 있다. 한국의 조부모님들께서는 무슨 시판 이유식을 아이들에게 먹이냐고 하시는 분들도 꽤 있지만, 그럼에도 불구하고 육아와 이유식을 동시에 떠맡기엔 분명히 어려움을 느끼고 있다.

시판 이유식에 대한 인식이 보다 더 보편화 되고, 지금보다 더 큰 회사 들에서 대량으로 생산하는 시스템이 형성된다면 상대적으로 비싸게 느껴지는 시판 이유식에 대한 거부감들이 현저히 줄어들 것 같다는 것이 저자의 개인적인 생각이다.

개인적으로 시판이유식에 대하여 좀 더 자세히 소개하고 싶었으나 시간과 여건이 허락되지 않아 너무 아쉬웠다,

다만, 인터넷으로 한국의 시판이유식에 관하여 찾아보면 이유식이 나오는 여러 곳에 대한 가격과 맛, 영양성분, 편리성에 대하여 비교한 사이트들이 꽤 있다.

PART 2

세계의 이유식
문화 탐방
:
각국 전통
음식 여행기

아기의 첫 이유식은 그 나라의 문화와 역사를 담고 있는, 인생의 첫 맛 여행입니다. 이번 포스팅은 세계 곳곳에서 아이들에게 제공되는 전통 이유식을 탐방하며, 그 의미와 중요성을 공유하고자 합니다. 여러 문화를 거쳐 내려온 다양한 이유식의 세계를 경험함으로써, 독자님들이 아이의 식생활뿐만 아니라 글로벌한 시각을 넓히는 데 도움이 될 것입니다.

아기를 위한 첫 여정 – 다양한 국가의 이유식 철학

아기들에게 이유식 과정은 단순히 음식을 먹게 되는 첫걸음이 아니라, 각 가정과 문화의 정체성을 체험하는 시초가 됩니다. 세계 여러 나라의 이유식 철학을 들여다보는 일은 그만큼 다채롭고 흥미로운 여정이죠. 예를 들어, 한국에서는 '백일상'으로 알려진 전통이 있어, 아기가 태어난 후 백일째 되는 날 이유식을 시작하는 의식을 치르곤 합니다. 여기에는 아기의 건강과 무병장수를 기원하는 부모님의 마음과 함께, 쌀 가루로 만든 '쌀미음'을 주로 제공하며, 가족의 사랑과 온정을 전달하는 의미가 담겨 있습니다.

또한 일본에서는 '오키우에'라고 불리는 유사한 전통이 있어, 아기의 성장과 건강을 축하 하는 날에 시작되는 이유식 과정에서는 부드러운 죽과 함께 제철 과일을 제공하여, 아기가 다양한 맛과 질감을 경험하도록 돕습니다. 이처럼, 각 나라의 이유식 철학은 그 국가만의 역사와 문화, 영양에 대한 인식을 반영하며, 아기의 식사를 단순한 먹거리의 공급이 아닌 삶의 질을 높이는 과정으로 여깁니다.

인도에서는 이유식을 시작할 때 '안나 프라샤남'이란 의식을 거행하는데, 이는 아기가 처음으로 곡물을 먹는 의미 있는 순간으로 여겨집니다. 진행되는 의식에서는 가족이 모여 아기에게 밥을 먹이면서 건강과 번영을 기원합니다. 이와 같은 의식들은 아기에게 영양을 공급하는 것 이상의 의미를 지니며, 아기가 태어나 처음 맞이하는 사회적 행사이기도 하죠.

아프리카 대륙의 몇몇 지역에서는 이유식의 시작을 가족의 축하와 함께 자연의 선물을 받아들이는 시간으로 여겨, 곡물 및 지역에서 재배되는 과일, 채소를 이용해 아기의 첫 음식을 준비합니다. 이는 자연과 땅이 주는 선물을 아기에게 전달하는 동시에, 지역사회의 전통과 문화를 아기에게 전수하고자 하는 지역사회의 노력이 반영된 것이죠.

아기의 첫 이유식은 단지 식습관의 시작점이 아니라, 가족의 소중함과 문화적 전통을 이은 유산으로서, 아기에게 삶의 첫 이정표를 제시하는 귀중한 순간입니다. 전 세계의 다채로운 이유식 문화를 탐방하며, 제 자신도 여러 아기의 첫 음식을 준비할 때마다 저희 가정의 문화와 사랑을 담아가려 노력하고 있습니다. 부모님과 조부모님께 전해지는 레시피와 방식들을 통해, 그 소중한 첫 여정을 아기와 함께 나누는 일은 참으로 뜻깊은 경험이죠.

맛의 발견 - 아시아 대륙의 전통 이유식 조명

아시아는 다양한 문화와 전통이 공존하는 대륙이며, 이는 이유식 문화에도 그대로 반영되어 있습니다. 맛의 발견이라는 이름 아래, 저는 아시아 곳곳을 여행하며 만난 독특한 이유식들과 그 속에 담긴 의미를 나누고자 합니다.

한국에서의 이유식 첫 맛을 보자면 '미음'이라 불리는 쌀죽에서 시작해 볼 수 있는데요, 단순히 쌀과 물만으로 조리되어 아기의 소화에 부담을 주지 않으면서도 영양을 제공하는 데 충실한 대표적인 이유식입니다. 아기의 소화 시스템이 아직 민감할 때, 이 '미음'은 부드럽고 어루만져주듯 아이의 첫 입맛을 만나 줍니다.

중국으로 건너가 어린이의 식습관을 살펴보면, 분마유럼(밥에 물을 많이 넣고 죽처럼 끓인 음식)이나 소고기와 닭고기를 넣은 부드러운 으깬 음식을 볼 수 있습니다. 이러한 이유식은 어린이가 단단한 음식을 소화할 수 있을 때까지 중요한 역할을 하면서, 바로 그 달콤하고 포근한 집밥의 맛을 체험하게 합니다.

일본은 해양 국가답게 서구식 이유식과 결합한 '옥수수 죽'이나 '대구 죽' 같은 이유식이 흔한데요, 바다의 향기가 은은하게 스며든 이런 이유식은 아기들에게 영양 뿐만 아니라 일본인의 바다 사랑까지 전달합니다.

인도에서는 '케이르'라고 불리는 쌀 푸딩이 이유식으로 인기가 높으며, 이는 쌀과 우유, 죽을 기본으로 과일이나 견과류를 가미해 영양가를 높여주고 다채로운 맛을 제공합니다. 아이들의 건강과 바른 식습관 형성에 기여하는 것은 물론, 인도의 풍부한 맛을 그대로 전달하는 역할을 합니다.

베트남에는 '촐루오 죽'이라는 전통 이유식이 있는데, 쌀을 주 재료로 하고 약간의 생선이나 닭고기를 넣어 부드럽게 삶은 음식입니다. 어린이에게 필수적인 단백질과 탄수화물을 골고루 제공하며, 한국의 미음처럼 소화가 쉬우면서도 필수 영양소를 섭취할 수 있도록 돕는 겁니다.

아시아 대륙을 돌며 만난 이 다채로운 이유식들은 각기 다른 문화와 전통이 어우러져 아기의 성장과 건강을 도모하는데 공통된 목표를 가지고 있다는 것을 느꼈습니다. 더불어 낯선 이국의 맛을 탐방하며, 먼 나라 이웃들과의 소통이 가능함에 감사하며 이 글을 마칩니다.

영양과 전통이 만난 곳 – 아프리카와 중동의 이유식 탐구

아프리카와 중동 지역은 다채로운 문화의 조화로운 역사를 지니고 있으며, 이는 그들의 이유식 문화에도 고스란히 반영되어 있습니다. 깊은 전통과 영양이 결합된 이유식들은 이곳 어린이들에게 건강한 성장을 위한 최적의 시작을 제공합니다.

예를 들어, 아프리카의 가나에서는 'Koko'라는 전통적인 옥수수 주스로 아침을 엽니다. 옥수수 가루를 물에 풀어 만든 Koko는 달콤하고 부드러우며, 아이들의 이유식에 꼭 필요한 단백질과 탄수화물을 제공합니다. 이외에도 'Aadun'이라는 갈색 옥수수 가루로 만든 고유한 간식도 인기가 있죠. 달콤하면서도 고소한 Aadun은 아이들의 영양 간식으로써 뛰어난 선택이 됩니다.

중동 지역에서는 'Harees'라는 겨우살이 곡물과 닭고기, 혹은 양고기를 함께 끓여 만든 이유식이 유명합니다. 재료를 오랜 시간 동안 천천히 끓여 곡물과 고기의 영양을 최대한으로 추출한 Harees는 소화가 잘 되고 영양가가 높아 이유식으로 아주 적합합니다. 여행과 탐색을 통해서 저는 이 지역의 이유식 문화가 어떻게 아기들의 성장과 발달을 지원하는지 체감할 수 있었습니다. 현지 어머니들은 대대로 내려오는 조리법을 사용해 아이들에게 사랑을 전달하는 것이죠. 더불어 그 어떤 요리에서도 느낄 수 있듯이, 이런 이유식들은 아이들의 입맛을 사로잡고 다양한 식재료에 대한 거부감 없이 받아들이게 해주며, 지역의 독특한 맛과 문화를 잇는 중요한 역할을 합니다.

저는 개인적으로 아프리카의 'Uji', 이것은 옥수수가루, 밀가루, 밀레 혹은 그 외 다양한 곡물로 만들 수 있는 발효 이유식으로, 아기들에게 중요한 비타민과 미네랄을 공급하는데요. 현지에서 직접 Uji를 맛볼 때 그 풍부한 맛에 감동했으며, 아이들이 한 모금 마실때마다 눈이 반짝이는 것을 보았습니다.

마지막으로 중동 지역의 이유식에서 빼놓을 수 없는 것은 'Mutabbaq'입니다. 층층이 쌓아 구운 밀가루 반죽과 다양한 채소, 고기를 넣어 만든 Mutabbaq은 아이들에게 필수적인 단백질과 비타민을 제공하며, 그 맛이 좋아 아기들이 거부감 없이 잘 먹습니다.

이유식에 관한 탐구는 끝이 없는 여정입니다. 각 문화가 자랑하는 전통적인 이유식은 한때 우리의 먹거리였고, 미래 세대의 건강한 식습관에 근본이 됩니다. 아프리카와 중동의 이유식 문화는 그 지역의 정체성과 값진 건강의 유산을 대변하며, 이러한 지식을 아이들에게 전해주는 것은 그들이 세계를 밝고 건강하게 살아가는 데 큰 밑거름이 될 것입니다.

엄마의 사랑이 담긴 그릇 – 유럽 국가들의 이유식 풍경

유럽의 이유식 문화를 이야기할 때, 엄마들의 깊은 사랑과 세심한 배려가 담겨 있다는 것을 느낄 수 있습니다. 전통적으로 유럽의 여러 국가에서는 집에서 직접 만든 이유식을 아이에게 제공하는 것이 일반적입니다. 이는 아기의 건강과 입맛을 최우선으로 생각하는 엄마의 마음에서 비롯되는 것이죠.

예를 들어, 프랑스는 고소한 생크림과 허브를 사용하여 아기의 이유식을 조리하는 경우가 많습니다. 아기들의 기호에 맞게 순한 맛의 야채와 함께 어우러진 이유식은 건강은 물론, 아기의 미각 발달에도 기여합니다. 또한, 아기용 쿼트인 'compote'는 다채로운 과일을 퓌레 형태로 만들어 천연 단맛을 아기에게 선사합니다.

이탈리아의 경우, 'pastina'라 불리는 미세한 파스타가 이유식에 자주 사용됩니다. 부드러운 질감과 쉬운 소화가 가능하도록 설계된 pastina는 아기들이 탄수화물을 섭취하며 에너지를 얻을 수 있는 좋은 방법이며, 여기에 신선한 토마토 소스나 올리브 오일을 가미하면 영양가 높은 식사가 완성됩니다.

북유럽 국가들에서는 아기들에게 다양한 종류의 피쉬 퓌레를 소개합니다. 오메가-3가 풍부한 연어나 백색 어류를 부드러운 퓌레로 만들어 아이들의 두뇌 발달을 자극하는 데 중점을 두죠. 이들 국가에서는 자연스럽고 순수한 재료를 사용하는 것이 이유식의 핵심으로 여겨집니다.

폴란드에서는 아이들에게 사과, 당근, 감자와 같은 기본적인 재료를 사용한 이유식이 자주 보입니다. 전통적으로 사과는 건강한 단 맛을 제공하며, 당근과 감자는 필요한 비타민과 미네랄을 공급하며 아기의 총열량을 채워줍니다.

제가 유럽을 여행하며 직접 보고 느낀 이유식 문화는 단순한 먹거리를 넘어서 각 가정의 사랑과 전통을 품은 경험이었습니다. 이러한 이유식들은 엄마의 손길이 담긴 정성어린 음식으로, 아이들에게 영양은 물론 가족의 소중함까지 전달해 주는 것 같습니다. 유럽각국의 이유식은 문화와 역사의 산물이며, 아이들의 건강한 성장을 위한 엄마들의 사랑이 깃든 음식임을 확신합니다.

새로운 식문화의 시작 – 아메리카와 오세아니아의 이유식 전통

아메리카 대륙과 오세아니아에서의 이유식 전통은 신세계의 다채로운 문화적 배경에서 시작된 식문화로, 각기 다른 재료와 방식으로 아기의 첫 음식을 소개합니다. 예컨대, 미국이나 캐나다 같은 북미 국가에서는 시리얼을 기반으로 한 이유식이 인기가 있죠. 단백질이 강화된 오트밀이나 쌀 시리얼은 순한 맛과 적절한 영양을 제공하기 때문에 부모님들 사이에서 선호되는데, 제 아이도 이런 부드러운 전통 이유식으로 시작했던 기억이 나네요.

남미에서는 아보카도나 바나나 같은 신선한 과일로 만든 이유식이 자주 등장해요. 아보카도는 건강한 지방이 풍부하여 아기의 뇌 발달과 성장에 도움을 줍니다. 또한, 과일을 사용하는 것은 아기에게 다양한 맛과 촉감을 경험하게 해주며, 이는 식습관을 개발하는데 중요한 역할을 하지요.

오세아니아, 특히 호주와 뉴질랜드에서는 주변 자연환경을 반영한 다양한 종류의 이유식이 발견됩니다. 카운다 고구마와 같은 뿌리 채소를 활용한 이유식은 아기들이 기호에 맞춰 쉽게 먹을 수 있도록 부드럽게 만들어집니다. 저 역시 호주 친구가 만든 고구마 이유식을 맛본 적이 있는데, 자연의 맛을 그대로 느낄 수 있어 특별한 경험이었어요.

아메리카 원주민과 오세아니아의 원주민 문화에서 영감을 받은 이유식도 특별해요. 예를 들어, 남미의 퀴노아, 또는 잉카의 곡물이라 불리는 고대 곡물은 탄수화물은 물론, 필수 아미노산과 미네랄이 풍부하여 고영양 이유식의 기본이 됩니다. 이러한 전통적인 재료를 공유하는 것은 우리 아이들이 글로벌 식문화를 접하는 중요한 첫걸음이 될 수 있어요.

해당 지역의 이유식은 단순히 영양적 측면에서만 중요한 것이 아닙니다. 아기가 가족과 문화의 일부분으로 성장하며, 사회적으로 어떻게 음식을 공유하는지를 배우는 첫 단계이기도 하지요. 아메리카와 오세아니아의 이유식 전통을 통해 아기들은 건강하고 다양한 맛의 세계로 첫발을 내딛는 동시에, 그들이 속한 문화와 글로벌 커뮤니티에 대해 이해할 수 있는 소중한 기회를 얻게 됩니다.

결론

　다양한 문화와 전통 속에서 건강하게 자랄 수 있는 이유식을 탐색하는 여정은 우리 아이들에게 더 넓은 세상을 맛보게 하는 첫 걸음입니다. 이번 포스팅을 통해 각국의 이유식에 대한 이해를 높이고, 아이에게 가장 적합한 영양과 맛의 발견이 필요한 부모님들께 실질적인 도움이 되었기를 바랍니다. 우리 아이들이 무럭무럭 자라나 세계인이 되도록, 다채로운 이유식의 세계에서 영감을 얻어보세요.

PART 1

북유럽의 이유식

프랑스
독일
노르웨이
핀란드
네덜란드
스웨덴

프랑스 이유식

프랑스 이유식은 유기농 재료를 사용하여 원재료의 맛을 최대한 살리고, 다양한 채소와 곡물을 활용하여 아기의 미각 발달과 균형 잡힌 영양 섭취를 동시에 추구한다.

프랑스의 이유식도 빠르면 4개월, 가장 적합한 시기는 6개월, 늦어도 7개월 전에는 시작하도록 권장한다. 4개월 이전에는 절대 이유식을 시작하지 않아야 하고, 가능한 첫 이유식은 낮에 한 번 먹일 것을 권장하는데, 그 이유는 혹시 처음 먹어보는 이유식에 대해 아이가 알레르기 반응과 같은 이상 반응을 보일 경우 바로 병원으로 달려갈 수 있어야 하기 때문이라고 한다. 우리나라에서도 따로 이유를 설명하지 않더라도 오전 10~11시 경에 첫 이유식을 먹이도록 하는데, 처음 먹는 음식에 대한 아이의 이상반응 유무를 관찰하고 필요하다면 병의원에서 즉각적인 도움을 받을 수 있기 때문이다.

대부분의 유럽 국가들은 이유식에 대한 공동 가이드라인을 갖고 있다. 때문에 이유식에 대한 기본적인 틀이 서로 비슷한 면이 있다. 우선 이유식을 시작하는 시기는 너무 일러서도, 너무 늦어서도 안 된다는 사실에 동의한다. 우리와 비슷하게 생후 4개월 이전에는 절대로 이유식을 먹이지 않도록 하며, 26개월이 지나서야 이유를 시작하지 않도록 권고하고 있다. 물론 지역적인 특색이나 문화, 환경, 경제… 등등 다양한 조건들이 간섭하면서 1개월이 지나면 바로 시작하는 지역도 있고, 8~9개월이 되어서야 비로소 아이들에게 젖이나 분유가 아닌 식사를 할 수 있도록 하는 곳도 있다. 물론 저마다 오랜 관습, 전통 등이 있어 그대로 내려오는 경우도 있지만, 전쟁이나 기근, 지리나 풍토, 사회 경제적인 문제들이 정상적인 이유식을 어렵게 하는 경우도 적지 않다.

프랑스 이유식의 특징

프랑스는 4~6개월의 기간 중 부모와 주치의에 의해 아이에게 가장 적당하다고 판단 되는 시기에 시작하는 것을 원칙으로 한다.

더구나 프랑스 소아과학회(Societe Francaise De Pediatoe)에서는 아이들의 미뢰가 다양한 경험을 하도록 해주는 것이 아이가 자라면서 건강한 음식을 좋아하도록 하는 가장 좋은 방법이라고 한다.

미뢰란 주로 혀와 연구개 등 구강에 있는 세포로, 맛세포가 꽃잎처럼 겹쳐진 형태이다. 맛세포는 침에 용해된 음식과 접촉하여 맛을 느끼는 역할을 한다. 미 뢰는 여섯가 맛을 느낄 수 있는데 단맛 쓴맛, 짠맛, 신맛, 감칠맛, 지방맛이다.

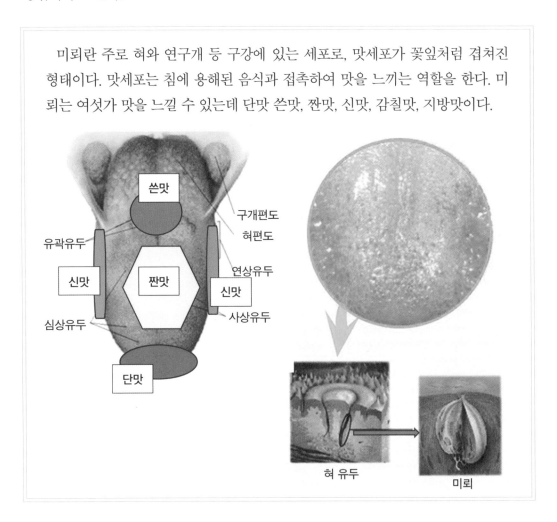

혀 유두

미뢰

프랑스인들은 3~4일 간격으로 새로운 야채를 경험할 수 있도록 하며, 최근 연구 결과로는 이유식을 시작한 처음 한 달 동안 평균 6 종류의 야채를 새롭게 먹이고 있었고, 약 40%에서는 처음 한 달 동안 7~12가지의 야채를 경험하게 된다고 한다. 이렇듯 많은 야채나 채소를 먹이는 이유는 '미각의 발달' 때문이라고 하는데, 프랑스의 소아과 의사선생님들이나 유명한 육아 지침서에서도 강조하여 언급하고 있다. 프랑스인들은 아기가 태어난 후 만 2세가 되면 식욕이 많이 떨어지고 이들 중 3/4 정도에서 'neohophobia'(새로운 음식에 대한 공포)가 생긴다고 한다. 이런 현상에 대한 걱정 때문에 프랑스인들은 기본적으로(아이들에게는 강요하지는 않지만) 하루 4끼(아침 8시경 아침식사-오후12~1시경 점심식사-오후 4~5시 경 "gouter"간식-오후 8시경 저녁식사) 식사 구조를 유지하려고 한다. 'gouter'는 맛보다 라는 의미를 지니며 'afternoon snack' 즉 오후의 간식'이라고도 한다. 간소한 아침식사의 형태로 오후 4시경에 즐기는 프랑스 특유의 관습이다.

염분이 많고 보존제들이 들어있는 성인들의 음식은 영유아들에게 먹이지 않도록 권고하고 있는 미국소아과학회(AAP)의 지침과는 달리, 프랑스 소아과학회에서는 최대한 아이들이 다양한 맛과 향, 질감 등을 느낄 수 있도록 할 것을 권장한다.

벌써 여러 차례 언급되고 있지만, 우리나라의 경우 거의 무조건 미음을 두세 숟가락 떠먹이는 것으로 이유를 시작한다. WHO와 미국소아과학회에서는 이유 시작시기의 생리적인 특성을 고려하여 철분과 아연을 보충할 수 있는 이유식을 준비하도록 권장하고 있지만, 우리를 비롯한 유럽 국가의 다수는 대부분 전통적인 관습을 따르는 편인데, 프랑스의 아이들은 첫 이유식으로 야채나 과일로 만든 퓌레를 먹는다. 호박, 시금치, 사과, 서양배 등도 많이 사용되는 첫 이유식의 식재료다.

프랑스 이유식은 원재료의 맛을 그대로 살려 아기에게 다양한 맛을 느끼게 해주려는 특징이 있는데, 불어로 이유식은 'la diversification alimentaire(diversity of food)'맛, 또는 음식의 다양화'라고 한다. 그래서 프랑스 이유식의 기본은 재료를 쪄서 믹서기로 갈

미국소아과학회 (AAP, American Academy of Pediatrics)와
프랑스소아과학회 (FSP, The French Society of Pediatrics)의 가이드라인

미국에서는 주로 시리얼을 처음 이유식으로 권하고 있다. (오트밀, 옥수수, 완두콩, 고구마 등) 세 끼의 식사와 세 끼의 간식을 먹는 스케줄이 일반적이다 (아침, 간식, 점심, 간식, 저녁, 간식). 미국소아과학회에서 질산 함량이 높은 채소 (시금치, 사탕무, 강낭콩, 호박, 당근 등)들은 특히 이유 초기에는 먹지 않도록 권장하고 있다. 질산 함량이 높은 식품들이 빈혈을 일으키기 쉬운데 이유 초기에는 생리적인 빈혈의 예방이 중요하기 때문이다.

프랑스에서는 9개월이 되면 하루 네 끼의 식사 (아침, 점심, 간식(소량의 식사), 저녁)를 먹도록 권하고 있지만, 5개월 이유식은 부용처럼 맑은 야채수프를 우유와 함께 병에 담아 먹이고 점차 우유를 줄여가면서 아이가 야채수프에 익숙해지도록 한다. 주로 처음 이유식은 우유에 한두 숟가락의 퓌레를 섞어 병에 담아 먹이지만 숟가락을 이용하기도 한다.

시간이 지나면서 퓌레의 양이 늘고 점차 수프가 진해지면 숟가락을 이용하도록 한다. 무엇보다 특이할 만한 점은 프랑스인들은 첫 이유식으로 쌀은 별로 이용하지 않는다. 물론 베이비시리얼을 사용하기도 하지만 '쌀'은 프랑스인들이 말하는 '식품의 다양화'를 위해서도 고려하지 않는 점이 큰 차이점이다.

아주는 것이어서 찜기와 믹서기만 있으면 초기 이유식을 만들어주는데 충분하다. 초기 이유식은 원재료 하나를 쪄서 그대로 곱게 갈아주는 것부터 시작하여 적당량의 끓여 놓은 물과 함께 살짝 익혀주면 된다. 당근 퓌레는 잘게 썰어 둔 당근을 끓인 물과 함께 어느 정도 익혀주면(당근 채수) 그대로 먹이기도 하고 우유를 살짝 섞어주어 당근 맛이나 향을 느낄 수 있도록 한다. 특징적인 것은 프랑스에서는 첫 이유식을 젖병으로 먹이는 경우가 많고 반드시 숟가락을 사용할 필요가 없다.

프랑스 초기이유식 재료들

재료의 맛을 그대로 느끼게 하기 때문인지 '프랑스 아이들은 편식을 하지 않는다'라는 책도 나와 있듯이 대체로 음식을 골고루 잘 먹는다고 한다.

우리와 마찬가지로 한 번에 한 가지 변화만 주는 것이 원칙이며 새로운 식재료의 첨가나 질감의 변화(묽은 퓨레 ⇨ 덩어리), 먹는 방식(묽은 퓨레나 채수를 젖병으로 먹다가 숟가락으로) 들 중 어느 한 가지만 변화를 주면서 진행한다. 먹는 양은 약 30g 정도(한 숟가락)로 시작하면서 점차 양을 늘려 120g 이상이 되면 이제 식사 중 한 끼는 이유식으로 대체할 수 있게 된다.

약 2주가 지나면 과일을 먹이기 시작하고 과일을 "익혀" 갈아서 만든 "콤포트"를 처음에 약 30g정도 먹이기 시작해서 120g까지 늘려줄 수 있고 야채 이유식은 점심때 먹이는 것을 유지하고 과일은 '간식' 시간에 먹인다.

프랑스에서는 아이가 어릴수록 채소에 식이 섬유가 너무 많으면 소화장애가 올 수 있기 때문에 피하도록 권하고 있다. 아울러 단백질이 풍부한 육류와 어류는 가능한 점심에만

당근 퓌레

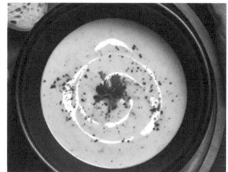
애호박 퓌레

먹이도록 하기 때문에 마트에서도 고기나 생선이 들어간 이유식은 점심용으로 고기와 생선이 들어가지 않은 이유식은 저녁용 이유식으로 나누어 판매하기도 한다. 6개월이 되면 치즈를 먹일 수 있는데 '아기용 치즈'가 따로 나오지는 않고 소량씩 일반 치즈를 그대로 먹인다. 물론 이때 사용되는 치즈는 생우유가 아닌 살균우유로 만들어진 것이어야 한다.

  우리와는 다르게 채소를 충분히 먹인 후에 육류나 어류를 먹이도록 하기 때문에 6개월이 지나서야 먹이도록 하고 기름기가 많은 부위는 먹이지 않는다.

콤포트(compote)

생과일이나 냉동 과일에 약간의 설탕을 넣고 스토브에서 끓여낸 음식으로 질감 있는 과일 소스나 청키한 과일 시럽의 형태로 나타난다. 보통 후식으로 혹은 여러 종류의 빵과 같이 곁들여 먹는다.

프랑스 이유식의 실제

프랑스 소아과 학회에서 추천하는 초기 이유식용 야채 (5~6개월용)

- 당근(너무 제한하면 변비가 생길 수 있다.)
- 강낭콩
- 시금치
- 애호박(주키니 호박, 껍질과 씨
  앗은 제거하여 사용)
- 리이크(흰 부분만)
- 꽃상추와 근대는 한정 수량만
  사용할 수 있고, 애기 꽃상추(
  곱슬거리는 부분) 와 애기 근
  대를 사용하면 섬유질의 지나
  친 섭취를 예방할 수 있다.
- 최상급의 완두만 소량 사용 가
  능하다.(프랑스인들은 완두콩
  은 소화가 잘 안되는 식품이어

서 아이들이 좀 더 자랄 때까지는 어린 아가들에게는 가능한 주지 말도록 권하고 있다)
- 섬유질이 너무 풍부하거나 알레르기 고위험군에 속하는 채소들(예를 들면 양배추,
  순무, 양파, 파, 샐러리, 샐러리 뿌리, 완두콩, 토마토, 예루살렘 아티초크(살시파이),
  아티초크, 고추, 가지, 파슬리 등) 중 몇몇은 좀 더 시간을 두고 기다렸다 먹이도록
  권하기도 한다. 9개월이 되면 웬만한 야채들을 잘 먹게 되는데, 이때 미루었던 야채
  들을 먹여본다.

개월별 이유식 재료

4개월	개월별 이유식 재료
채소	비트, 브로콜리, 당근, 샐러리근, 호박, 애호박, 시금치, 줄기콩 고구마, 야생 당근, 완두콩, 리크, 감자, 돼지 감자
과일	살구, 바나나, 모과, 복숭아, 사과, 프룬, 포도
6개월	
채소	가지, 아티초크, 샐러리, 양송이버섯, 컬리플라워, 오이, 버터넛, 엔다이브, 펜넬, 옥수수, 순무, 파프리카, 피망, 무, 토마토
과일	레몬, 귤, 무화과, 딸기, 라즈베리, 리치, 망고, 멜론, 블루베리, 오렌지, 자몽
육류, 어류	양고기, 소고기, 잠봉, 닭고기, 참치 (생참치)
기타	시나몬, 염소치즈, 차이브, 큐민 커리파우더, 에멘탈, 그뤼에르치즈, 끼리치즈, 모짜렐라, 파마산치즈, 타임, 래핑카우치즈, 바닐라
7개월	
채소	양상추
과일	페타치즈, 파스타, 쌀, 타피오카
8개월	
채소	아스파라거스, 아보카도, 양송이 버섯 외 버섯, 방울양배추 (브뤼셀 스프라우트), 양파
과일	파인애플, 베르가못, 크랜베리, 체리, 구아바, 석류, 키위, 파파야, 수박
기타	마늘, 아네스, 바질, 고수, 민트, 코코넛, 육두구, 오레가노, 파슬리
9개월	
육류, 어류	연어
10개월	
채소	양배추
기타	아몬드, 땅콩, 헤이즐넛, 캐슈넛, 피칸, 피스타치오, 루바브
12개월	
과일	패션푸르트, 감
육류, 어류	가리비, 새우
기타	초콜릿, 생강

* 출처: becommingmom.tistory.com

개월별 이유식 양
(유제품을 제외한 하루 섭취량)

4개월	과일	채소	육류·어류	탄수화물	질감
5m	30-60g	30-60g			아주 곱고 부드럽게
6m	60-100g	60-150g	10g	감자 50g	아주 곱고 부드럽게
7m	100-150g	150-170g	10g	감자 50g or 익힌 파스타 25g or 빵 15g	아주 곱고 부드럽게
9m	150-250g	170-250g	15-20g	감자60g or 익힌 파스타 30g or 빵 20g	작은 덩어리 혹은 으깨 거나 강판에 갈아서
17m	250-400g	250-350g	20-30g	감자60g or 익힌 파스타 30g or 빵 20g	작은 덩어리 혹은 으깨 거나 강판에 갈아서

＊ 출처: becommingmom.tistory.com

간단한 레시피

☆ 채소 육수 만들기 bouilio
(고기나 채소를 끓여 만든 육수로 소스나
수프에 사용하는 맑은 수프)

① 채소는 껍질을 벗기고 깨끗이 씻어 작은 크
기로 썰어 둔다.

② 미리 물을 끓여 둔다.

③ ① + ②와 함께 넣고 뚜껑을 덮은 뒤 20분 정도 팔팔 끓지 않을 정도로 익혀 고운
체에 걸러준다.

☆ 당근, 호박 수프 (potage: 농도가 짙은 걸쭉하고 불투명한 수프)

1회분량 재료
당근 1개(모든 채소는 레몬을 넣은 물에 깨끗이 씻는다), 호박 1/2개, 버터 조금

① 당근은 껍질을 벗기고 물에 깨끗이 씻어 두툼하게 썰어 둔다.
② 냄비에 물을 조금 붓고, 썰어 둔 채소를 넣어 20분 정도 끓인다.
   (포크로 찔러 부드럽게 익었는지 확인해 본다.)
③ 버터 1조각이랑 익힌 채소를 믹서에 넣고 곱게 간다.
④ 물이나 분유의 양을 조절하여 농도를 연하게 하거나 진하게 만든다.
⑤ 젖병에 넣어 먹이기도 하고 숟가락을 사용할 수도 있으나 젖병에 먹일 때 손등에 한
   방울 짜서 아기에게 적당한 온도인지 확인한다.

① 프랑스 이유식은 첫 두 달은 야채나 과일을 익힌 후 갈아서 물이나 분유와 함께 농도를 조절하여 준다.(야채나 과일 본연의 맛과 향을 그대로 느낄 수 있도록 하여 미각을 키워 주는 것을 중요하게 생각한다.)

② 첫 달은 한 번에 한 가지의 야채나 과일로 한 끼의 이유식을 만들어주며 3~4일의 간격을 두고 새로운 재료로 바꾸어 준다.

③ 처음에는 약 30g의 이유식을 먹이지만 시간이 지나면서 120~130g까지 양을 늘릴 수 있다.

④ 이유식 시작 후 두번째 달부터는 두 가지 야채를 섞어줄 수 있다. 이 시기부터는 30g이 넘지 않는 한도에서 고기류를 섞어줄 수 있다.

⑤ 30g으로 이유식을 시작할 때는 보충식으로 분유나 모유를 먹였지만, 한 끼로 충분한 120~130g을 먹을 정도가 되면 식사 후에 점심 디저트로 요구르트나 치즈를 준다.

⑥ 생후 9개월 정도가 되면 총 4회의 식사를 규칙적으로 할 수 있게 되고, 아침, 점심, 간식(4~5시), 저녁을 먹는다. 이유식은 점심에 크게 한번 먹이고 간식시간에는 양이나 종류를 다양하게 시도해 볼 수 있다.

⑦ 프랑스에서는 쌀에 들어있는 전분 때문에 1살 이전에는 주지 않도록 권하고 있고, 프랑스안에서는 대두로 만든 제품도 1살 미만의 아이에게 먹일 수 없다고 명시되어 있다.

⑧ 육류나 어류와 같은 고기류는 대부분 이유식을 시작하고 1~2개월이 지나서부터 주려고 하며, 보통 6개월부터 시작한다고 명시되어 있다. 우리나라나 미국의 아이들이 대부분 6개월부터 이유식을 시작하게 되고 쌀미음, 쌀죽에 이어 바로 고기를 먹이라고 하는 점을 고려해 보면 적어도 고기가 들어가기 시작하는 시기는 프랑스나 한국, 미국이 서로 비슷한 것 같다.

이때 너무 기름진 부위는 피하도록 하는데, 한국, 미국을 비롯한 세계 여러 나라에서 육류에 소화하기 쉬운 철분이 들어있는 점을 고려하여 생리적인 빈혈이 오기 시작하는 시기에 이유식 재료로 권장하는 부분은 서로 흡사하다는 생각이 들기도 한다.

⑨ 6개월부터 치즈를 먹일 수 있는데 이 시기에는 살균 우유로 만들어진 치즈를 먹일 수 있고 어른 치즈와 아기용 치즈를 따로 구분하여 먹이지는 않는 점이 특이하다.

⑩ 프랑스에서도 주변의 여러 유럽 국가들처럼 이유식이 상업화되어, 소아과 의사들조차도 시판 이유식을 먹이는 것에 대해 긍정적이며, 오히려 엄마들이 편하다면 의사들도 권장하는 분위기라는 점도 특이할 만하다.

2
독일의 이유식

독일은 철분과 아연등 필수 영양소가 풍부한 야채(채소)-감자-육류 등으로 처음 이유식을 시작한다. 아이가 자라면서 비타민 C 가 풍부한 과일 퓌레나 주스 등으로 철분 흡수를 돕는다.

우리 어릴 때는 어른들이 독일, 유대인, 한국 민족들이 머리가 본래 좋고 우리나라를 제외한 독일과 유대인들은 세계적으로 유명한 '노벨'상을 수상한 사람들이 많다고 말

씀하시곤 했다. 그 말의 내면에는 전쟁과 폐허를 딛고 일어서 단 시간내에 이만큼 성장한 우리들에 대한 자부심과, 강대국들과 어깨를 나란히 하고 있는 우리나라에 대한 무한 신뢰와 자긍심도 있었다고 생각한다. 특히 독일인들은 생활력이 강하고 무엇보다 독일산 제품은 견고하고 믿을만하다고 생각하는 것이 일반적인데 그래서인지 이유식에 대하여 조사하면서 독일인의 실리를 추구하는 성실함에 대해 혀를 내두를 지경이었다.

물론 미국이나 그 주변국들 말고도 영국, 프랑스, 독일 등을 비롯한 유럽 연합국에서도 이유과정에 대하여 보편적인 가이드라인들이 있다. 미국이나 우리나라의 의사들이 이구동성으로 모유만 먹인 어머니들은 6개월이 지나서 이유식을 먹이며, 분유만 먹이거나 혼합수유중인 산모들은 4~6개월 사이에 아이의 발달 상태 및 수유 진행 상태에 따라 이유식을 언제 시작할지 결정하도록 권하는 반면, 독일에서는 아예 4~6개월부터 모유수유나 분유 수유를 구별하지 않고 아이의 체중 증가나 먹거리에 대한 호기심 등의 변화를 관찰하면서 적당한 때에 이유를 진행하도록 권한다. 독일의 거리나 공원을 지나다 보면 브뢰첸(brötchen)이라는 겉은 바삭하고 속은 촉촉한 독일식 하드롤이나, 쌀로 만든 독일식 쌀과자를 손에 들고 빨면서 유모차에 앉아있는 3~4개월 정도로 보이는 아가들의 모습을 흔히 볼 수 있다고 한다.

독일 이유식의 특징

첫째, 간혹 생과일로 껍질을 까지 않은 사과 조
각을 빨기도 한다고.

흰 쌀밥이 주식인 우리 나라에서는 이유식을 시작
한다고 하면 가장 먼저 쌀미음을 떠올리듯, 독일 사람들
에게 브뢰첸은 거의 매일 한두 번은 먹게 되는 주식이라고 한다. 딱히 어떤 맛을 느끼기
어려운 무미건조한 맛이 특징인 브뢰첸은 겉에 비해 속이 촉촉해서 질리지 않고 오래 먹
을 수 있는 특징이 있다고 한다. 한국인들이 흰 쌀밥을 오래 씹으면 달다고 느끼는 것과
비슷한 경험을 하는 것 같다. 우리는 아기의 소화 기관이 미숙한 점을 고려하여 첫 이유

식으로 묽은 미음을 먹이기 시작하고 단
단한 고형식에 대하여는 어느 정도 성
장한 후의 일로 여긴다. 처음에는 물과
생쌀을 9:1(또는 물과 밥 5:1)로 시작하고
점차 물을 줄이고 쌀의 비율을 늘여가며
걸쭉한 죽까지 먹을 수 있도록 진행하는
데 비하여, 독일 사람들은 딱딱한 빵을 아

가 입에 물려주어 스스로 빨고 놀면서 단단한 겉
표면을 녹여 촉촉한 빵을 만나기까지 스스로 적응하도록 한다. 물론 독일의 이유식도 단
계별로 변화가 있지만, 대부분이 시판 이유식을 이용하고 있어 우리의 엄마들이 무엇을
만들어 먹일까를 늘 고민하는 것과는 아주 다른 상황이라고 할 수 있겠다.

독일인들은 아이들은 물론이고 부모들 자신을 위해서도 먹는 것에 대해 지나칠만큼
시간과 돈을 투자하는 편이 아니다. 세계적인 전쟁의 출발점으로 수차례 전국이 폐허가
되는 어려움을 겪으며 일어선 사람들이니 어쩌면 매시간 치열하게 자신들의 환경을 극
복하기 위해 노력하는 독일인들이니만큼 여유나 사치보다 절약과 실용을 중요하게 여
기는 것이 당연했을 것이다 .

독일로 이민을 간 지인들이나 오랫동안 살다 온 주변 사람들에 의하면 독일에서는 맛
집 투어는 엄두 내기도 어렵고, 또 실제로 맛집을 찾아다니는 사람들도 별로 볼 수가 없
다고 한다.

둘째. 독일은 첫 이유식으로 쌀미음 대신 감자나 야채를 주로 먹이는 편이다. 첫 이유
식으로 감자를 삶아 으깬 것을 주로 먹이고 또는 야채를 먹이기도 한다. 감자나 야채 먹
이기가 잘 진행되고 6개월 이상이 되면 그 다음으로 고기를 먹게 되는데, 지방이 거의

없는 부위의 소고기를 얇게 간 후, 먼저 곱게 갈아 놓은 감자나 야채에 섞어 먹는 독일인들은 여기에 1방울씩 오일을 넣어 주기도 한다. 주로 카놀라유나 아마씨유를 사용하기도 하고, 시판하는 이유식용 오일(카놀라유와 아마씨유가 혼합된 형태가 대부분이다)을 하루 두 번 정도 넣어주는데 이들 오일에는 오메가3와 오메가 6가 많이 함유되어 있어서, 모든 부분에 있어 왕성하게 성장하고 있는 아가들의 뇌와 눈의 건강과 발달에 도움을 주기 위해서이다.

소아과 의사들도 이유식을 먹이는 엄마들에게 반드시 오일을 함께 첨가해주도록 신신당부한다고 한다. 개인적인 생각이지만 이유식으로 생선을 풍부하게 먹이지 못하는 아가들에게 오일을 활용하여 DHA와 같은 필수 지방산 공급을 보충하는 것도 괜찮을 것 같다.

대부분이 탄수화물과 소량의 단백질로 이루어진 쌀에 비하면 감자는 질이 좋은 탄수화물과 더불어 비타민 C가 풍부하고 식이섬유의 일종인 팩틴이 풍부해 변비에도 효과적이다.

셋째. 일반적으로 첫 단계 이유식이 잘 진행되면 쌀미음(⇨ 쌀죽), '고기'의 수순으로 진행하는 우리나라나 미국의 이유식에 비하여 독일인들은 고기보다는 야채나 채소를 더 권장하는 편이다.

아기의 소화기관은 여러가지 음식을 소화시키기에 충분히 발달이 되어 있지 않아 고기와 같은 육류는 상대적으로 소화시키기 어려워 아기의 소화기관에 무리를 줄 수 있고, 적당히 수분을 섭취하지 않으면 변비가 생길 수도 있기 때문이다.

독일의 의사들은 모유든 분유를 잘 먹기만하면 단백질과 수분을 충분히 섭취할 수 있다고 설명한다.

다만 오트밀 가루나 Hirse라는 좁쌀같은 곡류에 철분이 풍부하기 때문에 과일 이유식에 섞어주도록 한다.

어른이나 아기들이나 특별히 고기를 많이 먹을 필요는 없지만, 대신 고기를 대체해서 먹을 음식이 필요하다. 특히, 아이가 변비로 고생한다면 고기는 조금 덜 주고, 독일인들의 이유식처럼 단백질과 철분을 대체할 야채나 채소를 선택하는 것도 괜찮은 방법인 것 같다.

넷째. 많은 독일 엄마들은 이유식을 직접 만들어 먹이지 않는다. 한마디로 말해, 그냥 슈퍼마켓에서 저렴하게 구매할 수 있는 유기농으로 만들어진 이유식으로 대신한다.

독일의 다양한 시판 이유식

　이유식은 주로 DM, Rosmann, Muller와 같은 드럭스토어에서 구매를 할 수 있지만, 일반 마트에서도 쉽게 구매가 가능하다.

　시판 이유식의 종류도 다양하고, 무엇보다 병원에서도 의사가 특정 브랜드를 추천해 주기까지 한다고 한다.

　독일에서 이유식을 만드는 기업들 중에 HiPP(힙)은 벌써 60년 넘게 유기농 영유아식을 제조 · 판매해 오고 있는 회사로 독일에서 가장 지속 가능한 3대 기업 중 하나로 수상하기도 했다. 그만큼 독일에서의 이유식 시장은 보편화되어 있고, 또 엄마들에게 신뢰를 받고 있다는 의미이다.

　독일의 시판 이유식은 4개월, 6개월, 8개월, 10개월, 12개월 이후 먹을 수 있는 제품으로 분류되어 있고, 그 종류도 매우 다양하다. 아이의 나이가 올라갈수록 시판 이유식도 씹을 수 있는 알갱이가 더 많아지고, 아이의 월령에 맞는 영양성분을 갖추어 줌으로 가정에서 만들어 주는 이유식에 비해도 손색이 없을 정도이다.

독일 이유식의 실제

독일 엄마의 이유식 이야기

독일로 유학간 ○○님은 독일에서의 이유식을 잘 활용하고 있는 사례를 너튜브를 통해 소개하고 있다.

그녀에 의하면 독일에서는 보통 생후 5개월이 지나서 이유식을 시작하되 7개월까지 미뤄지지 않도록 권하고 있다. 아이들이 이유식에 대해 준비 되었다 판단하면 처음에는 퓌레 소량을 하루 한 번 먹여보고 점차 모유나 분유 대신 점심 시간에 이유의 첫 끼니를 시작하도록 한다. 물론 점심을 제외한 나머지 식사는 수유로 이어간다. 아이가 스푼에 익숙해지지 않고 혀로 음식을 밀어내는 행동을 한다면 억지로 계속하기 보다 1~2주 정도 쉬었다다시 처음 부터 이유식을 진행하는 것을 권한다 .

아기에게 처음 먹여도 부담이 없는 야채로는 호박, 파스닙, 브로콜리, 콜리플라워, 당근, 순무, 서양호박 등이 좋다. 독일에서는 병에 담긴 이유식을 흔히 활용하고 있고, 특히 흔히 야채가 담긴 병을 선택하고 구입하여 이유식용 볼이나 용기에 먹을 만큼 적당량을 덜어서 먹인다.(첫 이유기)

7~8개월에는 두 번째 이유가 진행되는데 우유-시리얼-퓌레를 먹게 된다. 이 시기에 우유알레르기의 병력이 있는 가족이 있더라도 저녁 시간에 우유 시리얼 퓌레를 먹이는 것이 일반적이지만, 아이가 우유 알레르기 증상이나 우유 단백에 대한 불내성을 보일 경우라면 우유 대신 두유와 같은 대체식품을 사용하기도 한다.(의학적으로는 우유 단백에 알레르기가 있다고 진단을 받은 아이라면 콩 단백도 피하도록 하고 있다.) 보통 처음 사용하는 과일주스나 믹서기로 갈아둔 과일로는 사과, 배, 바나나, 복숭아, 천도복숭아, 살구 등이 있다.

시리얼-과일-퓌레로 이루어진 세 번째 이유식은 두 번째 단계를 시작한 후 한 달 정도 지나서였다. 물론 이 단계의 이유식은 모유나 분유로 보충하지 않고 독립적으로 진행되었다.

처음에는 한 종류의 시리얼과 한 종류의 과일이면 충분하다. 하루 세 번 세 끼의 이유식으로 식사가 가능해지면 모유나 분유를 따로 먹이지 않아도 된다. 또 이 시기부터 수분 보충을 위해 물을 먹일 수 있다.

이 시기에도 물론 마트에서 구입한 인스턴트 플레이트를 사용하는 경우가 흔하긴 하지만, 굳이 가정에서 이유식을 만들어 먹이고 싶다면 필자가 소개하는 레시피를 인용하는 것도 좋은 방법이다. 소개하고 있는 너튜버의 경우 이유식을 직접 만들어 먹였다.

그녀는 포르투갈에서 독일 남성을 만나 결혼을 하고 독일로 이주해 온 사례였다. 그녀 자신이 운영하는 너튜버 외에도 인터넷 웹페이지를 통해 다양한 사례들을 소개하면서 많은 엄마들과 육아의 짐을 나누고 있다.

＊출처: ABOE Baby&family by Marga

Marga가 소개한 첫 이유식 (점심)

첫 이유식은 보통 점심시간에 이루어진다.

① 야채나 채소 중 한 가지를 선택하여 믹서로 갈아주기 쉽게 작은 크기로 썰어준다.

② 보통 가정에서 사용하고 있는 믹서기를 사용하여 잘게 갈아준다.(믹서기의 형태는 가정마다 다양하지만 아기를 위해 따로 준비할 필요없이 아기의 이유식을 준비하기 전에 한 번 더 깨끗하게 씻어주면 좋다.)

③ 퓌레 형태로 잘 갈아진 야채는 아기 그릇으로 옮겨준다.

④ 그릇에 옮겨진 퓌레에 유채씨오일(유기농오일)을 한두 방울 떨어뜨려준 후 잘 섞어 주면 첫 번째 점심 식사용 이유식이 완성된다.

Marga가 알려주는 두 번째 단계의 저녁 이유식

①

②

③

④

두 번째 단계의 이유식은 곡물 플레이크(flake)와 우유(모유 또는 두유)를 함께 넣고 가열하면서 잘 섞어준다.

어느 정도 아이가 잘 먹을 수 있는 정도의 굳기가 완성되면 아기 그릇에 옮겨 담고 준비해둔 과일(갈아둔 과일 주스)를 적당량 섞어주면서 잘 저어준다. 저녁 이유식은 두 종류 이상의 재료가 들어가며 첫 번째 퓌레보다는 다소 굳기가 더해진 정도로 만들어준다.

마지막에 과일주스 또는 갈아둔 과일을 함께 넣어주는 것으로 맛과 영양을 더한다는 점에서 다소 특이할 만하다.

☆ Vegetable-potato-meat-puree(야채-감자-고기-퓌레)

1회분량 재료

야채 100g

감자 50g

육류(고기)나 생선 30g

오일 1티스푼

과일 퓌레나 주스 3~4티스푼

① 야채, 감자, 고기 또는 생선을 작은 조각으로 자르고 10~15분간 쪄 준다.

② 오일 1티스푼을 넣고 모두 함께 섞어 준다.

③ 아이가 좋아하는 농도가 될 때까지 물을 추가한다.

④ 과일 퓌레나 주스를 퓌레에 추가하거나 퓌레를 디저트로 제공한다.

아기에게 먹이기 전에 항상 퓌레의 온도를 확인한다!

＊ 출처: www.living-in-stuttgart.com

간단한 레시피

☆ Milk-grain-puree(우유-곡물-퓌레)

1회분량 재료

200ml 전유(3,5% - 3,8% 지방)

20g 곡물 (플레이크)

20g 과일 퓌레

① 우유를 끓여서 곡물을 넣으십시오.

② 약한 불에서 3~5분 동안 부풀어 오르도록 둔다.

③ 퓌레를 조금 식힌 후 과일 퓌레를 첨가한다.

☆ Grain-fruit-puree (곡물-과일-퓌레)

1회분량 재료

물 90ml

곡물 20g

과일 100g

오일 1티스푼

① 물을 끓여서 곡물을 넣어준다.

② 약한 불에서 2~3분 동안 부풀어 오르도록 그대로 둔다.

③ 조금 식힌 후 과일 퓌레와 오일을 첨가한다.

아기에게 먹이기 전에 항상 퓌레의 온도를 확인한다!

* 출처: www.living-in-stuttgart.com

③ 노르웨이 이유식

엄마의 양수와 모유를 통해 간접적으로 경험한 다양한 맛에 대한 기억이 새로운 음식에 대한 특별한 거부감 없이 다양한 맛을 경험할 수 있다는 점을 강조하고 있다. 다양한 맛을 경험하는 데는 육류나 단백질보다는 채소나 야채, 과일을 처음부터 다양하게 먹이는 것이 좋다.

노르웨이에서는 일전에 언급한 적이 있는 '맛'에 대해 적극적으로 연구하고 적용하려고 노력하는 식생활 문화가 다른 유럽국가들에 비하여 매우 적극적이다.

태아기에 이미 아이들의 미각에 대한 구조들이 완성되어 있으며 특히 임신 말기에 임

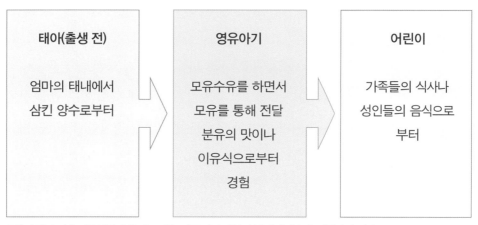

음식의 맛과 선호도를 결정하게 되는 것은 아주 어릴 때부터(태내에서부터) 경험하게 된다.

산부들이 주로 먹는 음식이나 식품의 종류에 따라 태아들은 맛에 대한 학습을 하는 것으로 알려져 있다. 태아가 보통 하루에 0.5~2ℓ의 양수를 삼키게 되는데 임신 말기의 산모들이 먹는 음식의 단맛과 쓴맛도 경험하게 되는데 이런 학습이 나중에 이유식을 진행하면서 아이들이 음식의 단맛이나 쓴맛에 대한 기억과 학습의 도움으로 새로운 식재료나 음식에 대한 거부감이 상대적으로 매우 적다는 것이다.

노르웨이 이유식의 특징

4~6개월이 되어 이유식을 시작하려고 할 때, 다른 아이에 비해 다소 이른 편일 것이라고 염려할 필요가 없다. 아이들은 이미 엄마의 양수를 마시면서 경험한 맛과 모유를 먹게 되면서 간접적으로 경험한 다양한 맛에 대한 기억이 있어, 이른 시기에 이유식을 시작하더라도 새로운 음식에 대한 특별한 거부감 없이 다양한 맛을 경험할 수 있다는 점을 강조하고 있다. 이렇게 다양한 맛을 경험하는 데는 육류나 단백질보다는 채소나 야채, 과일을 처음부터 다양하게 먹이는 것이 좋다.

영양면에서 우리들이 육류를 초기 이유과정에서 먹이려고 노력하는 것과는 달리 최근의 트렌드는 이유 초기에(4~6개월) 다른 유럽의 나라(스웨덴)와 비교할 때 상대적으로 단백질을 줄이고 다양한 채소와 과일을 2배 이상(42~45%) 먹인다. 그 후 18개월까지

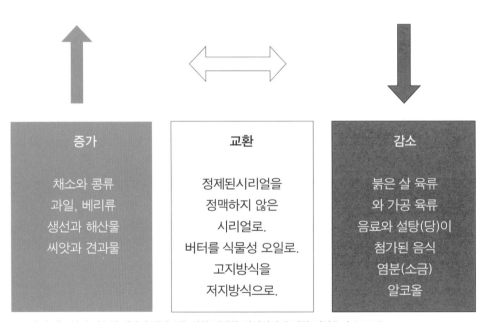

증가	교환	감소
채소와 콩류 과일, 베리류 생선과 해산물 씨앗과 견과물	정제된시리얼을 정맥하지 않은 시리얼로. 버터를 식물성 오일로. 고지방식을 저지방식으로.	붉은 살 육류 와 가공 육류 음료와 설탕(당)이 첨가된 음식 염분(소금) 알코올

노르웨이 권고안에 기초한 에너지 발란스를 위한 건강한 먹거리와 유익한 건강효과 (2012)

보편적인 이유식을 먹이고, 12~18개월 중에는 이유식의 42~45%이상 과일과 야채, 채소를 먹인다. 이에 대하여 한 학자는 아이들을 대상으로 혈청검사와 소변검사를 실시하여 단백질을 줄이고 채소 및 야채, 과일들을 다양하게 먹인 아이들이 빈혈이나 성장발달의 정도를 비교해 볼 때, 육류 단백질을 먼저 먹이면서 보편적인 방법으로 이유식을 진행한 아이들과 비교해 별다른 차이가 없다고 했다.

실제로 노르웨이의 고식적인 방법으로 이유식을 진행한 결과 인슐린 의존성 당뇨병과 비만, 심혈관 질환 등의 성인병에 노출되기 쉽다는 연구 결과를 확인하였고 , 최근에는 육류 단백질을 줄이는 대신 식물성 단백질로 대체하고 노르웨이의 전통적인 베리류 등을 적극 활용한 이유식을 권고하고 있다.

노르웨이 이유식의 실제

최근 들어 노르웨이 음식은 세계적으로도 손꼽힐 정도로 인정받고 있다.

이들의 음식은 특히 각 지방에서 생산되는 식재료들을 이용하도록 하여 환경에도 유익하고 그 지역에서 많이 생산하는 재료를 사용하기 때문에 소비자 입장에서도 매우 효과적이다. 2000년대 초반 앞서 언급한 각종 성인질환으로부터 좀 더 자유로워질 수 있는 건강한 식단을 위해 고민을 거듭한 노르웨이 학자들은 이들의 특징적인 식재료의 사용이 아이들의 학습능력을 향상시키는데 매우 효과적이라는 사실도 알아내었다. 최근까지도 스웨덴과 노르웨이는 식품안전청과 아이들의 건강 관리에 대한 지침들을 서로 공유하고 있었으나 성인성 질환의 발생을 줄이려는 노르웨이의 노력으로(동물성)단백질을 줄이는 식사로 전환되고 있다.

동물성 단백질을 줄이는 대신 생선이나 해산물, 콩과 견과류 등을 많이 먹고, 각 지역에서 생산하는 과일들, 베리류, 채소, 튜버 및 콩과 식품, 통밀, 식물성 지방 및 기름, 계란 등으로 대체하도록 하고 있다. 가정에서 만든 수제 야채 퓌레 및 유채 기름을 추가하여 에너지 밀도를 높이려고 노력하고 있다.

생후 4개월부터 이유식과 모유 또는 분유 수유를 병행하도록 권장하고 있는데, 생후 4~6개월은 아이들에게 '맛'에 대한 경험을 할 수 있는 시기라고 여기면서 처음에는 가정식에 고른 한 가지 식품을 한 꼬집씩(1ml) 손으로 집어 먹이다가 점점 2~3ml로 양을 늘려가면서 천천히 아이가 새로운 맛과 질감을 느낄 수 있도록 한다.

튜버(Tuber

파스닙
(parsnip)

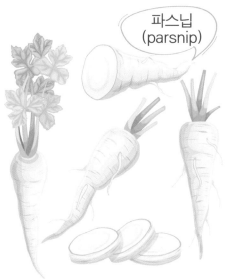

파스닙은 당근과 유사한 뿌리 채소이며 둘 다 독특한 단맛을 가지고 있다. 파스닙은 실제로 유럽에서 사탕수수 전 설탕감미료로 사용되기도 하였다. 파스닙은 으깬 감자를 대신하기에 매우 훌륭한 대체 식품으로 깨끗하게 씻은 후 적당히 삶아서 1~2개의 파스닙을 으깨어 주면 된다.

파스닙퓌레 으깬 파스닙(mashed parsnip)

간단한 레시피

☆ 으깬 파스닙

재료

① 물 또는 전유 1컵 정도 준비한다.

② 2개의 파스닙을 껍질을 까서 조각 조각 작게 나누어 썰어둔다.

③ 소금 한 꼬집 (1mg 정도, 기호에 따라 증감한다.)

④ 버터 한 조각 (약 5g)

조리 방법

① 물을 중불로 살짝 끓여준 후 파스닙과 소금 한 꼬집을 넣고 함께 삶는다. 덮개를 덮어 두고 약 25~30분정도 삶아주면 파스닙이 부드러워지는데, 이 때 파스닙을 건져내어 분유나 모유와 함께 다른 용기에 담아둔다.

② 건져내어 분리한 파스닙을 핸드 믹스 블렌더를 이용해 으깬다. 이유식으로 만드는 경우 분유나 모유를 첨가해도 되며, 다만 원하는 정도의 굳기가 될 때까지 한다.

③ 가족들이 함께 먹을 때는 따로 후추나 진한 크림 등을 추가해도 좋고 소금의 양도 좀 더 늘려볼 수 있다.

표 : 노르웨이 이유식 스케줄의 예

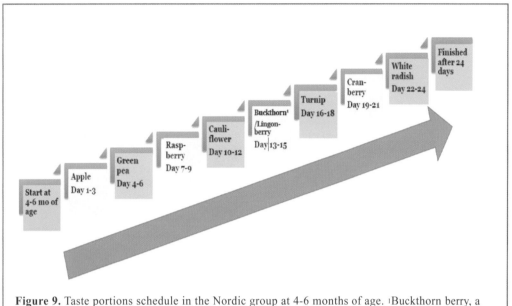

Figure 9. Taste portions schedule in the Nordic group at 4-6 months of age. ¹Buckthorn berry, a seasonal product was replaced by lingonberry when shortage appeared.

노르웨이의 생후4~6개월 된 영유아들에게 '맛'에 대한 경험을 좀 더 다양하게 할 수 있도록 제공한 스케줄의 예이다.

생후 6개월이 되면 모유나 분유 외에 감자, 쌀, 야채(브로콜리, 콜리플라워, 완두콩, 옥수수), 뿌리채소(당근, 파스닙), 과일(바나나, 사과, 배) 등을 제공하도록 권장하고 있다. 이 외에도 다른 야채(당근, 파스닙, 옥수수, 완두콩, 브로콜리, 콜리플라워 또는 감자)로 변경할 수도 있다. 뿐만 아니라, 홈메이드 이유식의 메인 코스 식사(생선 1개, 고기 1개, 야채 1개)법도 제공하고 있다.

① 4~6개월 즈음 시작한다.

② 이유식의 첫날부터 약 3일간은 사과를 이용한 이유식을 준비해 준다.

③ 사과 다음은 완두콩을 이용하며 이유 4일째부터 6일까지 3일 정도 준비해 준다

④ 그 다음 7~9일째는 라즈베리

⑤ 10~12일에는 콜리플라워

⑥ 13~15일은 Buckthorn Lingonberry(buckthorn Lingon berry는 계절식품이다; 링곤

베리의 저장량이 다 소진되면 저장소에서 꺼내어 사용한다)

⑦ 16~18일은 ＊＊순무(요즘 말로는 '아시안' 뭿이라고도 한다. 주로 한국과 일본 등
에서 많이 재배하는 흰 무우와 거의 유사하다.)

⑧ 19~21일은 크랜베리

＊＊ 하얀 무 (순무) (한국, 일본에서 재배하고 식탁에 올리는 것과 비슷하다.)

노르웨이에서는 생후 4~6개월이 되면 '맛'에 대한 다양한 경험을 할 수 있도록 이유식
을 시작할 무렵에 이유식을 위한 다양한 스케줄을 만들어 수유모들이 스스로 선택하여
이용할 수 있도록 제공하고 있다(표).

4

핀란드 이유식

핀란드에서도 초기 이유식으로 '감자'를 선호한다는 점이다. 그러나 최근에는 감자의 탄수화물 성분이 높은 점을 감안하여 감자와 당근을 섞어서 이유식의 기본으로 사용하고 있지만, 가장 기본은 감자임이 분명하다.

꽤 오래전에 본 '카모메 식당'이라는 영화가 생각난다. 핀란드의 높은 침엽수림을 배경으로 세 사람의 일본 여성과 한 명의 핀란드 청년이 나와서 잔잔하게 그들의 소박한 삶과 사랑과 실연, 실패, 우정 그리고 마지막에는 희망을 보여주는 일본 영화다. 매일매일 소수의 사람들이 작은 식당에 모여 그 안에서 사색도 하고, 위로도 받고, 서로를 보듬던 모습과 함께 핀란드의 울창한 침엽수들 사이로 주인공들이 함께 소풍을 하던 모습이 선명하게 떠오르는 좋은 영화였다. 지루한 영화를 싫어하는 사람만 아니라면 한 번쯤 찾아서 보라고 권하고 싶은 영화다.

핀란드 아이들은 행복하다! 핀란드인들은 행복하다!
이런 슬로건들이 떠오르면서, 핀란드 아이들의 행복한 이유식에 대하여도 소개해 볼까 한다.

최근에는 북유럽 스타일의 이유식이 유행하기도 했는데, 그 중 핀란드에 거주하면서 핀란드식 이유식에 대해 소개하는 글들을 블로그를 통해 쉽게 접할 수 있다.

가장 특징적인 부분은 독일 이유식처럼 핀란드에서도 초기 이유식으로 '감자'를 선호한다는 점이다. 그러나 최근에는 감자의 탄수화물 성분이 높은 점을 감안하여 감자와 당근을 섞어서 이유식의 기본으로 사용하고 있지만, 가장 기본은 감자임이 분명하다.

요즘은 우리나라에서도 분유통에 든 가루 분유보다는 적당량의 물과 적당량의 분유가 섞여 있어서 데우기만 하면 되는 분유 팩을 많이 선호하고 있다. 저자가 근무하던 신생아 중환자실에서 사용 중인 분유 팩이 핀란드에서는 이미 오래전부터 상용화되어 있다.

감자는 핀란드의 쌀처럼 인식되고 있으며, 임산부들은 늘 감자를 먹는 편이기 때문에, 감자를 먹고 자란 태아는 태어나서도 이미 모유로부터 전달 받은 감자 성분에 익숙해져 있어서 첫 이유식을 감자로 선택하는 것이 당연히 부담이 없을 것으로 여겨진다.

게다가 핀란드의 엄마들은 직접 이유식을 만들기보다는 병에 든 이유식을 사서 먹이는 경우가 흔한데 이를 당연히 여기고 있다는 점도 눈여겨볼 만하다. 많은 유럽의 엄마들이 시판용 이유식을 선호하는 것과 같은 맥락이라고 보면 될 것 같다.

병에 든 이유식도 종류가 매우 다양해서 과일이나 베리류 뿐만 아니라 야채, 소고기, 생선, 닭고기 들로 만들어진 이유식들과, 파스타나 스파게티까지도 병에 담겨있다.

핀란드 이유식의 특징−비타민 D

이유식도 물론이지만, 핀란드는 겨울에 해가 충분히 뜨지 않기 때문에 생후 2주부터 18세까지 매일 비타민 D를 섭취하도록 한다.

핀란드와 국내에서 시판 중인 비타민 D 시럽

우리나라의 청소년은 물론 성인들도 항상 복용하는 것이 좋다는
대략의 지침과 권장량이 나와 있지만, 유아기의 복용에 비해 중요하게
다루지 않고 있어 거의 문헌적인 지침에 과하다. 그렇지만 우리나라의
청소년들이 입시전쟁에 뛰어들게 되는 학생부터 사실상 학교와 학원에
박혀 있는 것이 실상인지라 청소년기와 임산부의 비타민 D 복용에 대하여는
아무리 강조해도 지나치지 않을 것 같다.
한국 식품의약품안전처의 권장량은 하루 200 IU이며 상한은 800 IU인데
비하여 미국 의약협회에서 정한 비타민 D의 하루 권장 섭취량은
600 IU(70세 이상은 800 IU)이고 상한은 4,000 IU이다.

보통 하루 2∼10㎍(1 ㎍=80IU, 80∼400 IU)의 vitamin D를 먹여야 한다.

핀란드에서 새롭게 개정된 용량에 관한 가이드에 의하면 vitamin D의 복용량은 모유만 먹고 있는지, 조제 분유만 먹는 아이인지에 따라 개별적으로 정해진다.

비타민 D는 사람의 지방조직, 근육, 뼈, 골수, 뇌, 유방조직, 심장, 대소장, 림프구, 췌장, 전립선, 피부 등 모든 조직의 구조와 기능을 돕는다. 게다가 최근 연구 자료에 의하면 세계적으로 비타민 D의 부족 현상이 만연하고 있고, 우리나라에서도 60~80%이상이 비타민 D가 모자라다는 실험 결과가 나온데 비하여 권장섭취량은 너무 낮게 정해져 있어 사실상 진지하게 권장 섭취량을 상향 조정할 필요가 있다고 한다.

핀란드 이유식의 실제

　유럽은 이유식을 진행하는 방식, 이유식에 대한 대중의 사고나 개념, 이유식의 목표 등을 볼 때, 우리들과는 다소 다른 방식으로 자유롭다. 핀란드는 이유식을 시작하는 4~6개월 영아들에게는 1/2~2 티스푼(2.5~10cc) 정도의 이유식을 조금씩 다양하게 맛보기처럼 먹여주면서 점차 소화기관인 장들이 익숙해지도록 돕는다.

　소화기관이 익숙해지면 음식에 대한 내성과 면역체계도 함께 발달한다.

　이유 초기부터 다양한 새로운 식재료를 경험하도록 하며, 심지어 가족 중 알레르기가 있더라도 새로운 식재료를 소개하는데 지체할 필요가 없다고 한다.

이렇게 자연스럽게 가족의 식사에 참여하게 된다. 이런 과정들을 통해 아이들은 다양한 맛과 먹는 법을 반복해서 익히게 된다. 다만, 1세 이전에는 소금과 지나친 당이 든 음식이나 음료는 피하도록 권하고 있다.

자연스럽게 엄지와 검지를 이용해 음식을 집어먹는 방법(핑거 푸드)도 배우게 된다.

아이들은 쓴맛이나 신맛은 자연스럽게 거부하는 경향이 있지만, 아이들이 어떤 식품에 대한 거부감을 없애려면 적어도 10~15번 정도 새로운 맛을 반복해서 경험하도록 권하고 있다.(편식을 하는 아이들, 혹은 새로운 음식을 거부하는 아이들에 대하여 같은 방법을 권하고 있다.) 부모들이 너무 서두르거나 강요해서는 안 된다.

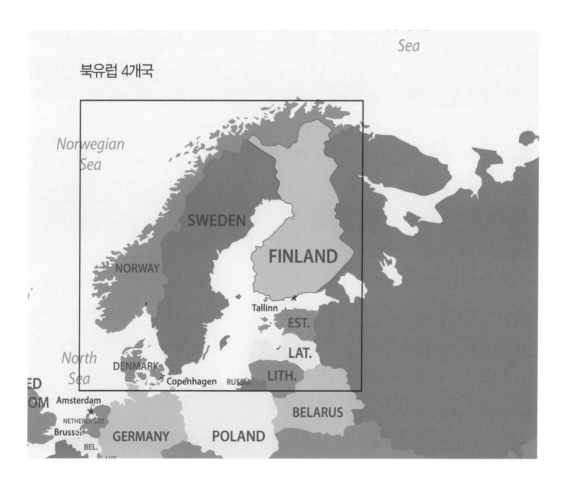

처음 이유식을 시작하는 아이들에게는 하루에 두 번의 야채와 고기 외에도 과일이나 베리 등을 간식으로 일찍부터 챙겨 먹이고, 2번의 아침저녁 오트밀까지 5번의 이유식을 먹인다. 우리의 경우라면 거의 10개월이 되어서야 하루 2번으로 수유 빈도가 줄어들고, 아침, 점심, 저녁의 하루 세 끼의 식사에 해당하는 이유식을 먹이게 된다. 물론 중간에 과일이나 과일 주스 등을 간식으로 따로 먹이기도 하지만 이유식을 이제 막 시작하는 아이들에게는 무리가 있어 보이는 스케줄이다. 핀란드의 아이들은 이미 6~8개월에 수유량이 현저히 줄고 하루에 수유가 차지하는 비중이 우리나라의 10개월 이후의 수준으로 이유식을 먹이는 편이다. 이미 6~8개월에 다양한 이유식을 접하게 되면서 영양분을 골고루 갖추어 먹게 되고, 한 번에 먹는 이유식 양도 우리보다 훨씬 많아 핀란드 아이들의 성장 속도가 비교적 다른 나라에 비하여 빠른 편이라고 한다.

앞서 공부한 프랑스의 경우엔 처음엔 채소와 과일로 만든 이유식을 먹이고, 최대한 초기에 많은 종류의 식품을 먹도록 하여 어린 시절부터 다양한 식품의 맛에 노출되도록 하고 있다. 영양보다는 아무 때건 음식을 가리지 않고 잘 먹도록 하는 것과 맛에 대한 감각을 일찍부터 깨워주는 역할을 하는 특징을 보이는데 비해, 핀란드의 이유 정책은 한마디로 나이와 관계없이 어릴 때부터 이유식을 다양하게 즐기도록 하는 특징이 있다.

유럽의 이유식은 같은 듯 서로 다른 특징을 갖고 있어, 각 나라의 지리적 여건이나 역사의 변화, 특히 북유럽의 경우 타 지역에 비해 추운 날씨 등으로 인해 다른 어느 곳보다 더 실용적으로 아가와 엄마 모두 행복하게 지나 갈 수 있는 이유기 스케줄을 짜는 것으로 보인다.

탄수화물 중심의 흰쌀 미음을 섭취하는 한국과는 다르게 여러 가지 유기농 채소와 요거트, 과일 등 다양한 이유식을 통해 영양소를 골고루 섭취할 수 있게 하여 아기의 건강한 성장을 유도하는 북유럽 맘들의 이유식 스타일이다.

Rice porridge: 4~6 months	쌀죽: 4~6개월
Fruits: 4 months	과일: 4개월
Juice: 6 months	주스: 6개월
Eggs: 6 months(yolks)~12 months(whites)	달걀: 난황(6개월)~난백(12개월)
Vegetables: 4 months(spinach)~6 months(carrot and cabbage)	채소: 4개월(시금치)~6개월(당근, 양배추)
Fish: 6~12 months	생선: 6~12개월
Tofu: 7 months	두부: 7개월
Meat and poultry: 6 months	육류와 가금류: 6개월
Yogurt: 8 months	요거트: 8개월
Gelatin, pudding, cheese, and: 8~9 months	젤라틴, 푸딩, 치즈 그리고 스파게티: 8~9개월
Spaghetti: 9 months	염분을 제외한 각종 조미료: 9개월
Seasonings(other than salt.): 9 months	신선한 우유: 12개월
Fresh milk: 12 months	

* 참고: Food guide for families with babies under 1 year; Nutritional therapist
   in Helsinbki, Espoo, Vantaa, Provoo and Kirkonummi 2016

Foods	Potators and vegetables	Berries and fruit	Cereal products	Meat, fish and eggs	Milk and milk products	Dietary fat
Ingredients	Potato, carrot, cauliflower, broccoli, corn Brussels sprouts, Cucumber, Zucchini, Peas, Lentils, beans, Sweet potato, Jerusalem artichoke, Tomato, Swedes, turnip, Romanesco broccoli, Frozen vegetables can be used	Strawberry, raspberry, blueberry, currants, gooseberry, cloudberry, cranberry, lingonberry, rose hip, Apple, banana, plum, pear, pineapple, kiwifruit, Peach, apricot, citrus fruits, melons, mango	Oats, barley, rye, wheat, spelt, rice, buckwheat, maize, millet Wholemeal products should be preferred	Unseasoned chicken, turkey, pork, beef, lamb, venison, elk and game, Fish such as vendace(fin.muikku), pollock(fin.seiti), European whitefish(fin. siika), farmed Rainbow trout and Norwegian salmon), Eggs	From the age of 10 months onwards fat-free or low-fat unflavoured fermented milk products such as junket(fin. viili) curdled milk, yoghurt, cultured buttermilk(fin. piima) and quark. In addition cow's milk heated as an ingredient in foods. Near the age of one year, milk as a drink.	Breast milk and infant formulae ensure adequate intake of fat for a baby under 1 year
How to serve	Initially boiled in pureed food, From the age of 6-10 months onwards grated fresh	Purees, grated fresh, Fresh fruit pudding	From the age of 5 months onwards porridge made from flakes, flour or pearled grains; rice and pasta in mashed foods	From the age of 5 months onwards minced; quantity per serving of pureed food for introduction about 1 teaspoon, later 1-1.5 tablespoons.	From the age of 10 months onwards unflavoured fermented milk products can be flavoured with berries and grated fruit.	Rape-seed oil may be added to pureed food or porridge for the baby as appropriate.
Finger foods; the baby's motor skills and number of teeth should be considered when serving these.	Fresh vegetables, such as cucumber and carrot, Boiled vegetables, such as corn	Finnish berries, fresh fruit, e.g. apple	Crispbread, Boiled rice or pasta	Meat patty, minced meat, bits of scrambled eggs, tofu	Cottage cheese	

* 참고: Food guide for families with babies under 1 year; Nutritional therapist in Helsinbki, Espoo, Vantaa, Provoo and Kirkonummi 2016

식품	감자와 채소류	베리와 과일	시리얼	육류, 생선, 계란	우유 및 유제품	식이성 지방
재료	감자, 당근, 콜리플라워, 브로콜리, 옥수수, 브뤼셀 콩나물, 오이, 호박, 완두콩, 렌틸콩, 콩, 고구마, 예루살렘, 아티초크, 토마토, 스웨덴, 순무, 로마네스코 브로콜리, 냉동 야채들도 사용 가능.	딸기, 랍스베리, 블루베리, 건포도, 구스베리, 클라우드베리, 크랜베리, 린공베리, 로즈, 힙 등. 바과, 바나나, eewk, 배, 파인애플, 키위, 복송아, 애프리콧, 멜론, 망고, 감귤류 등.	오트류, 보리, 호밀, 밀, 스펠트[3], 쌀, 메밀, 옥수수, 기장 등. 주로 통밀제품을 사용함.	양념하지 않은 닭고기, 칠면조, 돼지고기, 소고기, 램프, 사슴고기, 엘크와 사냥감, 생선류 (핀란드산 작은 물고기, 명태), 유럽산 희살 생선(청어), 양식된 무지개송어와 노르이 연어와 계란.	생후 10개월부터 정킷 응유[7], 요거트, 배양 버터밀크, 석영과 같은 무지방 또는 저지방 무향 발효유 제품 또한 식품의 원료로 가열한 젓소 우유. 돌이 되면 우유를 마실 수 있게 된다.	모유 및 유아용 조제분유는 1세 미만의 아기에게 적절한 지방섭취를 보장한다.
어떤 방법으로 식품을 제공할까?	처음에는 퓨리 음식으로 삶는다. 6~10개월부터는 신선한 식품을 강판으로 갈아 줄 수 있다.	퓨레, 강판에 간 신선하고 신선한 과일 푸딩.	생후 5개월 이상되면 플레이크, 밀가루 또는 진주 알갱이로 만든 죽 등을 제공할 수 있다. 으깬 음식의 쌀과 파스타.	5개월에는 퓨레와 같은 다진 음식을 먹일 수 있다. 처음엔 1티스푼에서 시작하고, 1.5 테이블스푼으로 양을 점차 늘려 줄 수 있다.	10개월로 접어 들면서 맛을 내지 않은 발효유 제품들을 제공 할 수 있고, 장과와 강판 과일로 맛을 낼 수 있다.	평지씨유를 퓨레로 만든 음식이나 죽에 적절하게 첨가 할 수 있다.
핑거 푸드; 아기의 운동 능력과 치아 수를 고려하여 먹여야야 합니다.	오이나 당근 등은 신선한 채로 제공할 수 있다. 옥수수 등은 삶아서 제공.	신선한 열매, 신선한 과일, 예를 들면 사과.	크리스프 브레드, 삶은 쌀 또는 파스타.	고기 패티, 다진 고기, 스크램블 에그 조각, 두부.	코티지 치즈 (희고 연한 치즈).	

＊ 번역 후

1 방울양배추 (Brussel sprout) : 1990년대에 네덜란드 과학자 Hans van Doorn은 브뤼셀 콩나물을 쓴맛으로 만드는 화학 물질인 sinigrin과 progoitrin을 확인한 후[a] 이를 통해 네덜란드 종자 회사는 보관
된 쓴맛이 적은 품종을 현대적인 고수확 품종과 교배할 수 있었으며 시간이 지남에 따라 채소의 인기가 크게 증가했다. 새싹을 쨌을 때 단단한 느낌이 드는 브뤼셀 콩
나물을 선택하는 것이 좋은데, 작을수록 단맛이 나는 반면, 새싹이 클수록 양배추 같은 맛이 난다.

(a) "Brussels: a bittersweet story". Society of Chemical Industry. 2010. Retrieved 24 February 2023

2. 로마네스코 브로콜리 : 로마네스코 브로콜리(브로콜로 로마네스코, 로마네스코 콜리플라워, 로마네스코 또는 브로코플라워라고도 함)는 일반 브로콜리와 콜리플라워
를 포함하는 Brassica oleracea 종의 식용 꽃봉오리다. [b] 연두색이며 [c] 자연적으로 프랙탈에 가까운 형태를 가지고 있습니다. 로마네스코 브로콜리는 익히면 일
반 브로콜리보다 고소한 풍미와 식감이 더 단단하다.

(b) James Briscione; Brooke Parkhurst(2018). The Flavor Matrix: The Art and Science of Pairing Common Ingredients to Create Extraordinary Dishes.
Houghton Mifflin Harcourt. p. 46. ISBN 9780544809963. (c) Cathy Wilkinson Barash(1998). Kitchen Gardens: How to Create a Beautiful and
Functional Culinary Garden. Houghton Mifflin Harcourt. p. 42. ISBN 0395827493.

3. 스펠트(고대곡물류 기장) 단백질이 풍부하며 땅콩 향이 나기도 한다.

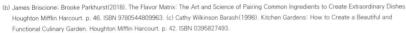

4. venace : 민물식 흰살생선류

5. pollack: 명태, 또는 먹을 수 있는 큰 바다 물고기

6. Eropean whitefish: 신선하고 기수 지역에서 확장된 양식이 가능한 양식 종

7. junket curdled milk: 세프가 우유와 렌넷(일종의 소화효소)으로 만들 수 있는 우유 기반 디저트

간단한 레시피

☆ 채소와 감자 퓌레 (인용: Food guide for families with babies under 1 year; Nutritional therapist in Helsinki, Espoo, Vantaa, Porvoo and Kirkkonummi 2016)

재료

① 부드러워질 때까지 야채 및 채소를 끓인다.(나중에 사용할 수 있도록 채소 우린 물을 보관한다.)

② 재료들을 함께 핸드 블렌더로 갈아 퓌레로 만든다.(조각이 큰 경우 포크를 사용해 으깨어주는 것도 좋다.)

③ 필요하면 후추 한 꼬집을 넣어준다.

④ 퓌레가 더 부드러워지길 원하면 미리 우려 놓은 물을 조금 더 끓여 넣어주어도 좋다.

Mashed potato

Potato puree

☆ 신선한 베리 키셀

재료

물 500ml, 2~3큰 술 정도의 감자 전분가루, 신선한 베리 또는 냉동된 베리 약 500ml
(딸기, 블루베리, 랍스베리, 건포도), 2~3스푼의 설탕(필요시 사용)

조리법

① 각종 열매에서 불순물을 제거한다.

② 필요한 경우 핸드 블렌더로 베리를 퓌레로 만들어 준다.

③ 냄비에 찬물과 감자 전분을 넣고 한두 덩이가 될 때까지 끓여준다.

④ 거품이 올라오면 식혀주고, 베리 또는 베리 퓌레를 추가한다.

⑤ 필요하면 단 맛을 올리기 위해 설탕을 소량 넣어준다.

⑤
네덜란드 이유식

네덜란드를 비롯한 유럽의 엄마들은 아이들을 위해 억지로 애쓰기 보다 엄마가 행복하고 즐거워야 아이들도 행복할 수 있다고 생각한다.

네덜란드는 임신과 출산, 육아의 과정이 유럽의 다른 나라들과는 달리 '여성이 편해야 한다'는 원칙으로 이루어진다. 그럼에도 불구하고 네덜란드 아이들의 행복지수는 세계 1위로 알려져 있는데 그 이유는 어디 있을까?

한국의 엄마들은 출산 전부터 자신의 아이에게 최고의 환경을 만들어주기 위해 고민한다. 할 수 있는 한 최선을 다해 자신들의 아이들에게 최고의 먹거리, 최고의 장난감, 최고의 유모차

등을 해주기 위해 여러모로 애를 쓴다. 그러나 네덜란드를 비롯한 유럽의 엄마들은 아이들을 위해 억지로 애쓰기 보다는 엄마가 행복하고 즐거워야 아이들도 행복할 수 있다고 생각한다.

　네덜란드 소아 영양컨설턴트 스테판 클라인쳐(Stefan Kleintje)는 자신의 저서에서 이렇게 적었다. "유럽, 특히 서유럽의 엄마들은 자유롭고 자립적인 육아방식을 선호합니다. 이유식과 관련해서도 유럽의 엄마들은 '먹여야 된다'는 강박적인 의무감보다는 즐겁게 먹는 법'을 알려주는데 초점을 맞춥니다. 아이가 음식을 탐색하고 느껴 보면서 여유 있게 먹는 과정으로 옮겨가는 것 자체에 의미를 둡니다. 아기들이 바나나를 좋아하잖아요. 부드러운 바나나를 관심가지고 입에 대보기도 하고 엄마가 아기에게 바나나를 통째로 맛볼 수 있게 해줍니다."

네덜란드 이유식의 특징

네덜란드에서는 처음 4개월의 모유수유기간이 지나면 곧바로 이유식을 시작하도록 권장하고 있다. 6개월간 모유수유를 하도록 권장하는 경우 직장에 다니는 엄마가 느낄 수 있는 수유에 대한 부담을 줄일 수 있어 환영받고 있다고 한다. 오히려 짧아진 모유수유기간 때문에 면역체계를 위한 모유의 이점을 절실히 느끼게 된다고 생각한다. 보통 한 가지 재료에 약 5일정도 간격을 주며 처음에는 한두 번 베어 물 수 있는 정도로 시작하여 조금씩 늘려준다. 아이가 점점 성장하면서 으깬 과일을 먹을 수 있게 되고, 점점 작은 빵조각을 즐길 수 있게 된다. 6개월쯤 빵조각을 즐길 수 있게 되면 약간의 마가린을 발라주다가 점점 사과버터나 잼 등을 발라주고 12개월정도엔 치즈도 펴서 발라주면 좋다. 그러나 치즈의 염분이 있는 점을 고려하여 1주일에 1~2장 정도가 적당하다. 스프레드를 추가할 수 있지만 반드시 그럴 필요는 없다. 잼, 애플 버터, 치즈 스프레드(생후 3개월까지 간이 약한 스프레드로 1~2조각 이하) 또는 으깬 과일과 같은 쉬운 스프레드로 시작하며, 얇게 썬 살코기 치즈와 냉육도 허용된다.

처음 4개월 (쌀가루)

6개월, 아침식사
(몸에 좋은 곡물)

6개월, 환상적인 저녁 식사
(우유로 만든)

8개월, 아침식사
(저칼로리 밀가루)

12개월, 아침식사
(몸에 좋은 곡물)

　이유식을 처음 시작할 무렵에는 야채나 채소를 물에 익혀주며 쉽고 부드러운 맛으로부터 시작하여 점차 감자, 쌀 또는 국수, 각종 야채들을 잘 섞어 따뜻한 식사를 준비할 수 있다. 그런 다음 고기, 닭고기, 생선 또는 계란을 추가할 수 있는데 이때 사용하는 고기도 마트에서 이미 익힌 채로 포장된 재료들을 구매하여 사용할 수 있다.

　한국이나 미국처럼 아이가 먹는 이유식의 영양공급, 아이가 잘 먹고 소화도 잘 시켜가면서 적응해가도록 이유식에 몰두하면서 철분과 아연의 부족을 예방하기 위해 이유식 초기(쌀미음 ⇨ 쌀죽)를 거치면서 바로 일정량의 소고기를 주는 것과는 다르게 주변에서 쉽게 찾을 수 있는 야채나 채소들을 쪄서 아이가 스스로 관찰하고 만지작거리면서 때

때로 입에 들어가면 녹여 먹거나 씹어 먹는 등의 방법을 찾아가도록 한다.

이렇게 유럽 엄마들은 이유식을 할 때도 개방적이고 창의적인 방식으로 아기들에게 스스로 탐색하고 체험할 수 있는 기회를 준다. 엄마가 아기에게 이유식을 통한 영양공급에 모든 생각을 고정시키고 아기가 잘 먹고 잘 소화시킬 음식을 만들 생각에만 몰두하는 것보다, 훨씬 즐겁고 편안해 보이는 이유식의 시간으로 보인다.

네덜란드는 유럽의 다른 국가에서처럼 시판용 이유식을 먹이는 것에 대해 적극적이다. 엄마들이 굳이 이유식을 만들면서 힘들어 할 필요가 없다는 뜻에서인지, 시판 이유식에 대하여 매우 호의적이고 의사들 역시 시판 이유식을 권장하는 분위기는 여타 유럽의 국가들과 유사하다.

네덜란드는 물론 전 유럽시장에서 가장 인기 있는 이유식 브랜드는 Nutrica로 과일, 채소의 퓌레형 이유식이나 일반 이유식을 주로 생산한다. Nutrica의 브랜드는 이유식을 통한 영양분 섭취와 더불어 아이들이 어린 시절부터 채소, 과일의 맛에 익숙해지는 것을 목표로 하며 그 중 Bamvix(밤빅스)라고 하는 팝(pap)이 있다. 밤빅스는 다양한 맛의 단계별 곡물 이유식을 생산한다. 제품은 4단계로 구분되어 1단계는 4개월 이상 유아의 섭취가 가능한 쌀가루 이유식, 2단계는 6개월 이상 유아의 섭취가 가능한 고운 분말 형태의 이유식, 3단계는 8개월 이상 유아가 섭취 가능한 가벼운 통곡물 이유식, 4단계는 12개월 이상 유아의 섭취가 가능한 8가지 곡물로 만들어진 이유식이다. 처음 4, 6개월은 우유나 모유에 타서 먹는 반면, 8, 12개월용 밤빅스는 물에 타 먹는 형태로 나온다.

Pap은 일종의 죽(porridge) 같은 형태를 말하며 단계별로 4, 6, 8, 12개월로 나누어 차별을 두었다. 그 외에 Hero Baby가 시장 점유율 2위인 스위스 브랜드로 조제분유와 유리병에 포장된 과일 퓌레형 이유식을 주로 생산한다. 같은 그룹의 브랜드로 Organix는 짜먹는 과일 퓌레형 이유식, 뻥튀기, 생후 8개월~생후 12개월 이상 유아들을 대상으로 유아용 건조식품이 생산된다.

이유식 시장 점유율 3위로는 우리에게도 친숙한 Nestle브랜드가 있으며 Yogolino와 Naturnes는 다양한 맛의 아침, 저녁 식사용 분말형 이유식, 과일 퓌레형 이유식, 디저트 푸딩 등을 생산하고 있다.

네덜란드 이유식의 실제

네덜란드의 대표적인 전통음식으로 스탐폿(stampot)이 있는데, 아이들을 위한 겨울철 이유식으로 '베이비 스탐폿'도 있다. 절인 양배추와 감자로 만드는 네덜란드의 스탐폿은 우리나라의 김치찌개나 된장찌개처럼 대중적인 음식이다. 일단 이유식을 시작하게되면 네덜란드의 아기들은 일찍부터 스탐폿을 접하게 된다.

스탐폿(Stampot)은 식초에 절인 양배추와 익힌 감자를 함께 섞어서 으깬 다음 소시지를 얹어 먹는 음식이지만 아이들을 위한 베이비 스탐폿은 아기의 소화력이 좋아지기 전인 8~12개월에서는 쇠고기 소시지나 쇠고기 패티를 소시지 대신 만들어 준다.

네덜란드는 초기 이유식으로 채소나 과일을 주로 사용하기때문에, 이런 문화에 맞게 유기농 가게(ecoplasa)에 가면 완성된 이유식병이 단계별로 준비되어 있고, 각종 이유식 가루, 간식들도 준비가 되어있다.

간단한 레시피

☆ 네덜란드의 베이비 스탐폿 만들기

재료

양배추 20g, 사과 반개 , 감자 중간 크기 2개
쇠고기(갈은 것) 15g, 식초 50cc, 마아가린 약간

만드는 법

① 양배추와 사과를 채 썰어 후라이팬에 넣고 식초를 둘러 약한불에 졸인다.

② 다 졸인 뒤에 찬물에 담가 신맛을 제거하고 손으로 꼭 짠다.

③ 감자는 껍질을 벗기고 작은 조각으로 썰어 냄비에 넣은 후 감자가 담길 정도의 물을
　붓고 폭 익힌다.

④ 쇠고기는 얇은 패티 모양으로 마가린을 두르고 부쳐낸다.

⑤ 다 익은 감자와 절인 양배추, 사과의 물기를 뺀 후 믹서에 넣고 갈아준다.(완전히 갈
　아주기보다는 양배추의 질감이 어느 정도 느껴질 만큼만 갈아주어야 아이가 절인 양
　배추의 맛과 식감을 느낄 수 있다.)

⑥ 쇠고기 패티는 아기가 소화하기 좋은 크기로 잘라서 갈아 놓은 감자와 함께 올려준다.

네덜란드 아이들의 간식

아이들에게 먹이는 간식은 엄마들의 취향 등에 따라서 제각각이지만, 콩깍지 삶은 것, 시판용 아기용 과자, 쌀과자, 혹은 간단히 만들어줄 수 있는 채소나 야채 삶은 것 등 매우 다양하다. 쌀과자의 모양이나 성분은 매우 다양하지만 가능한 염분이 들어있지 않은 것으로 선택하는 것이 좋고 아이들이 주로 핑거푸드를 먹는 시기에 주면 편리하기도하고 아이들도 좋아한다. 집에서 만들어주는 간식으로는 치즈 감자볼, 삶은 당근 혹은 브로컬리, 감자전도 편하게 만들어 줄 수 있다.

네덜란드 영유아의 비타민 D와 비타민 K 권장량

네덜란드 소아과의사들은 7~8개월경부터 치즈를 먹이라고 한다. 그런데 보통 이 시기의 치즈는 발라 먹는 치즈를 선택하도록 한다. 보통 곡물을 먹는 때이다 보니 곡물 식빵을 아이에게 먹이기도 하고 곡물 식빵을 먹을 때 치즈를 살짝 발라주면 잘 먹는다. 유럽에서는 이유기에 생긴 입맛이 평생을 좌우한다고 생각하기에 이유기에 다양하게 먹이는 것이 목표라고 할 수도 있겠다. 보통 생후 1주일~10일이 지나면 비타민 D와 비타민 K를 먹이도록 하는데, 이것도 한국과는 좀 다른 문화라고 볼 수 있다. 보통 한국에서는 모유 수유를 하는 아이들에게 수유를 진행하면서 비타민 D를 함께 먹이라고 하지만 분유수유아에서는 반드시 먹어야하는 것은 아니다.

연성치즈 – 수분함량이 55%이상으로
　　　　　　부드럽다 (51kcal)

Vitamin K는 출생 직후 모든 신생아에게 분만실이나 신생아실에서 일정량 근육주사로 주고 있다. 비타민 K는 주로 간기능이 나쁜 간담도 질환이나 오랜 기간 정맥영양을 받아야 하는 미숙아나 신생아에게는 추가로 정기적으로 공급하기도 한다.

반면 vitamin D의 경우 최근 그 역할에 대한 연구들이 활발해지면서 얼마 전까지만 해도 모유수유만 하는 아기들에게 매일 한방울(400 IU)씩 먹이도록 권했으나, 최근에는 vitamin D의 적정용량의 범위가 크다는 사실을 고려해 분유수유나 모유수유를 상관하지 않고 동량을 매일 먹이도록 권장하고 있다. 이는 분유에 포함된 최고량이 400 IU이고 vitamin D 복용의 최고량이 800~1000 IU인 점을 고려해볼 때 분유를 먹는 아가들도 모유수유아와 동량의 vitamin D를 먹게 되어도 위험수위에 들어가지 않으며 오히려 부족했을 때 발생 가능한 위험을 최소화할 수 있다는 장점때문이다. 최근에는 모유유래 유산균이 포함된 vitamin D(바이아○○)이 엄마들 사이에 인기가 있지만, 이런 경우야말로 모유수유를 하는 아이들에게 굳이 먹여야 할까? 하는 생각이 필자의 생각이다.

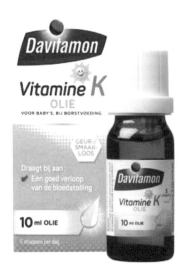

6
스웨덴 이유식

스웨덴의 엄마들은 곡물류들은 최대한 나중에 먹이고 과일을 먼저 시작하는 경향이 있다.

스웨덴 이유식의 특징

스웨덴 역시 한국의 이유식과는 다른 기준들이 꽤 많다. 스웨덴의 엄마들은 곡물류들은 최대한 나중에 먹이고 과일을 먼저 시작하는 경향이 있다고 한다. 이런 이유로, 마트나 인터넷 매장에서는 4개월 아가들용 초기이유식으로 과일위주의 병 이유식들이 주를

이룬다. 오트밀, 옥수수, 감자와 같은 곡물류들이 들어가기도 하지만, 우리처럼 초기에 쌀을 주로 하는 이유식은 좀처럼 찾아볼 수가 없다. 6개월이 되면 좀 더 다양한 재료들과 함께 약간의 오일들이 첨가되는데 스웨덴 이유식 레시피들을 보면 버터나 식물성 오일들이 조금씩 다 들어가 있었다.

이 조리법에는 일반적인 항원으로 버터(유제품)가 포함되어 있으며 어린이의 이유식으로 사용될 경우 버터와 같은 일반적인 항원을 제거한 후 요리하기도 한다.

스웨덴에서는 우리처럼 쌀을 주로 하여 이유식을 만드는 경우는 별로 볼 수가 없다. 그런데 우리와 또 다른 차이가 눈에 띈다.

시금치

그들은 우리가 즐겨 먹이는 시금치를 질산 때문에 돌이 지나서야 먹인다. 40대 중후반이라면 대부분 알고 있을 '뽀빠이'라는 만화의 캐릭터가 있다. 그는 언제나 사랑하는 연인 '올리브'가 위기에 처하면 '시금치'를 먹고 힘이 불끈불끈 솟은 채로 올리브를 구하러 가곤 했다. 실제로 뽀빠이 시금치 효과는 야채를 잘 먹기 싫어하는 아이들에게 시금치를 잘 먹어야만 하는 타당한 이유로 좋은 설득력 예가 되었다. 그러나 시금치의 진실은 많이 달랐다.

1870년 독일의 화학자가 시금치의 철분 함량을 작성하면서 소수점 한 자리를 잘못 찍어 실제 시금치의 철분 함량보다 10배가 많은, 100g의 시금치에 35mg의 철분이 들어있

는 것으로 알려지게 되었다. 1937년, 독일의 한 과학자가 시금치와 철분에 대한 진실을 정정하여 발표하였지만, 미국에서는 잘못된 정보가 오랫동안 계속되었다.

그런데, 스웨덴에서는 시금치의 '질산' 함량에 대하여 여전히 의미를 두고 있는데, 돌 이전에는 식재료로 시금치를 사용하지 않도록 하고 있다.

우리나라에서도 90년대 이후 채소의 질산염 함유 문제가 대두되면서 유기농법으로 재배된 채소의 질산염 함량이 일반 농산물에 비해 상당히 높다는 학계의 주장에 따라 유기농 재배 채소의 식품안정성에 관한 논란이 제기되기 시작하였다.

질산염(NO_3)는 자체의 독성은 없지만, 소화 과정 중 Amine(*)과 결합될 때 발암성 물질(Nitrosamine)이 생성된다는 주장이 있는데, 독일, 네덜란드, 스위스 등 (EU) 유럽 농업 선진국에서는 주요 채소의 질산염 함량 허용기준을 규정하고 있다.

우리나라는 얼마 전까지도 질산염 허용 기준이 없었다.

국가표준식품성분표			
식품명	시금치, 생것		
영문명	Spinach, Raw		
식품코드	F1150000000a	분류	채소류
기준	100g	출처	농진청 (88)
Proximates(일반성분)			
에너지	30kcal	수분	89.4g
단백질	3.1g	지질	0.5g
회분	1.0g	탄수화물	6.0g
총당류	g	총식이섬유	g
Amino acids(아미노산)			
총	g	필수	g
비필수	g		
Fatty acids(지방산)			
총	g	총 필수	g
총 포화지방산	g	총 단일불포화, 지방산	g
총 다중불포화 지방산	g		
Minerals(무기질)			
칼슘	40mg	철	2.6mg

마그네슘	mg	인	29mg
칼륨	502mg	나트륨	54mg
아연	mg	구리	mg
망간	mg	셀레늄	μg
몰리브덴	μg	요오드	μg
Vitamins(비타민)			
레티놀	0μg	베타카로틴	2876μ
비타민 D	μg	비타민 E	mg
비타민 K1	μg	비타민 B1	0.12mg
비타민 B2	0.34mg	니아신	0.5mg
판토텐산	mg	비타민 B6	mg
비오틴	μg	엽산	μg
비타민 B12	μg	비타민 C	60μg
Cholesterol(콜레스테롤)			
콜레스테롤	mg	식염상당량	0g
폐기물	%		

＊ 아민(영어: amine)은 염기로 질소 원자에 비공유전자쌍을 가진 유기 화합물과 작용기를 말한다. 암모니아의 유도체로서, 수소 원자가 들어갈 자리가 알킬기나 아릴기 같은 치환기로 대체된 형태이다. 중요한 아민에는 아미노산, 생체아민, 트리메틸아민, 아닐린 등이 있다. (출처: 위키백과)

질산염이 인체에 미치는 영향

참고: 유기재배 채소의 질산염 안전성 검토; 한국소비자보호원
식의약 안전팀 (2001)

1. 식수와 각종 식품에 함유되어 있는 질산염을 사람이 섭취할 경우 사람의 체액이나 위에 존재하는 박테리아에 의해 질산염이 아질산염으로 환원되고, 아질산염은 헤모글로빈과 반응하여 혈액중의 산소를 각 조직에 운반하는 능력을 감소시키며, 특히 **3개월 이내**의 신생아에게서 아질산염이 많이 생성되고 심할 경우 청색증을 유발할 수 있다.

2. 위장관의 아질산염이 단백질 소화과정 중 나타나는 제2아민(amine)이 결합될 때 생성되는 Nitrosamine은 발암성 물질로 작용할 수 있다고 알려져 있다.

3. 120종의 N-nitro화합물의 발암성에 대하여 시험한 결과 이들 화합물의 75%이상이 암이 되며 종양은 주로 위, 식도, 비장 등의 장기에서 발생한다고 알려짐

4. 채소의 질산염은 식물에 천연적으로 존재하는 성분으로 독성이 없으며, 질산염섭취와 암 발생과는 상관 관계가 없다는 보고도 있다.(참고자료 : 유럽의 채소질산염 함량 허용기준 제도 연구', 식품의약품 안전청)

5. 역학조사 결과 채소와 과일의 섭취량이 증가하면 오히려 암발생을 억제하는 효과가 있으며, '92년 독일의 암 관련 전문지에는 채소를 통한 질산염과 아질산염은 암발생과 관계가 없으며, 가공육에 의한 니트로사민 섭취량 증가시 암발생에 영향을 미치는 것으로 발표되었다

6. 채소의 질산염에 대하여 식품의약품안전청은, 채소 질산염의 유해성에 관한 과학적 근거가 부족하고, 채소 질산염 함량에 대한 자체 조사 결과를 고려하여 볼 때 채소류 중 질산염에 대한 특별한 규제는 필요하지 않으나, 과다한 질소비료시비로 인한 채소의 질산염 함량이 지나치게 많아지는 것을 방지하기 위한 조치는 필요하다고 본다는 입장을 밝히기도 하였다.

표〉EU 및 유럽 각 국의 채소 질산염 허용기준

구분	EU	독일	네덜란드	스위스	오스트리아	러시아
무		3,000			4,500(겨울) 3,500(여름)	
배추					2,500	
상추	4,500(11~3월) 3,500(4~10월)	3,000	3,500(겨울) 3,000(여름)	4,000	4,000(겨울) 3,000(여름)	2,000(노지) 3,000(사람)
시금치	2,000(4~10월) 3,000(11~3월)	2,000	2,500	3,500	3,000(7월이전) 2,000(7월이후)	2,000(노지) 3,000(사람)
쑥갓						
미나리						
케일						
양배추				875	1,500	900(여름)
당근					1,500	200(겨울) 400(여름)

(표)유럽 각 국의 채소에 대한 질산염 허용기준
독일, 네덜란드, 스위스, 오스트리아 등 유럽 농업 선진국의 무, 상추, 시금치 등 주요 채소의 질산염 함량 허용기준치는 2,000~ 4,500ppm이며, 그 중에서도 독일의 기준치가 2,000~3,500ppm으로 가장 엄격함.

그 외에도 몇몇가지 다른 점들이 있다. 특히 이들은 공동육아나 공동가사에 익숙해져 있기 때문에 아빠와 엄마의 구분이 없이 아이를 돌보는 일에 당연하다고 생각하며 참여한다.

우리 나라의 엄마나 할머니들은 아가들의 입속에 음식이 들어가는 자체에 기쁨을 느끼며, 아이들 스스로 숟가락을 잡고 음식을 먹을 수 있도록 강요하거나 인내심을 가지고 기다리거나 하지는 않는다 "우쭈쭈, 우리 강아지…"라며 애정이 가득 담긴 언어 폭격과 함께 자신이 보기에 만족스런 식사를 하도록 하는 경우가 많다 .

스웨덴은 아이의 독립심을 기르는 것을 매우 중요하게 생각한다.

스웨덴 이유식의 실제

스웨덴에서 매우 인기 있는 이유식으로, 주로 곡물로 만들어진 액체형태의 식품이 있다(Valling: 발링)발링은 아기에게 쉽게 소화될 수 있는 영양소를 제공하며, 일반적으로 6개월 이상의 아기에게 추천된다. 또 다양한 종류의 과일 퓌레들을 먹이는데 망고, 사과, 배 등의 과일이 사용되며, 과일 퓌레를 먹이면서 아기에게 비타민과 미네랄 공급에 도움을 받을 수 있다. 많은 북유럽 국가들처럼, 곡물 기반 이유식으로 쌀, 귀리, 보리 등의 곡물을 사용한 이유식도 자주 먹이는데, 곡물은 아기의 소화 시스템에 적합하며, 주로 에너지를 제공하게 된다. 스웨덴 식품청은 영유아들의 이유식을 위한 가이드라인을 제공하고 있는데 이 가이드라인은 아이가 4개월부터 고형 음식을 시작할 수 있도록 권장하고 있으며, 무엇보다 스웨덴의 전통적인 식습관(호밀빵, 크리스피브레드)을 반영하여 이유식으로 활용하도록 권장하고 있는 점에서 다소 차별적이다.

발링 조리법

발링은 스웨덴의 오랜 전통을 가진 이유식으로, 부모들이 자녀에게 물려주고 싶은 음식 중 하나로 알려져 있다.

발링은 일반적으로 우유와 곡물 가루를 혼합하여 조리한다. 아이의 나이에 맞게 맞춰 농도를 조절할 수 있다.

재료

1. 우유 4컵(~950ml 정도 사용할 수 있으나, 조리하려는 농도에 맞추어 우유량은 자유롭게 조절할 수 있다.)
2. 소금 1/8티스푼
3. 흰설탕 3테이블스푼(흰설탕의 양도 조절할 수 있다.)
4. 2~4개의 바나나(인원 수에 따라 바나나의 수도 조절할 수 있다. 일반적으로 1인 1바나나로 사용하면 좋다.)
5. 오트밀

조리과정

1. 중간 크기의 두꺼운 바닥 냄비에 우유를 붓고, 소금과 설탕을 추가한다.
2. 중간 불에서 우유를 천천히 끓인다.
3. 우유가 끓기 시작하면 오트밀을 넣고, 덩어리가 생기지 않도록 저어준다.
4. 불을 약하게 줄이고 20분간 끓인다. 이때 자주 저어주어야 한다.
5. 발링이 완성되면 준비한 바나나를 반으로 자르고, 각 반을 다시 길게 4조각으로 자른다. 그런 다음, 바나나 조각을 그릇에 담고, 발링을 1~2스푼 덜어 바나나 위에 부어주면 부드러운 발링 과 달콤한 바나나의 조화로운 맛을 즐길 수 있다.

발링(Valling: Sweden's Porridge)

Knäckerbröd

크리스피브레드는 전통 빵으로, 통곡물 씨앗이 들어 있는 바삭바삭한 납작빵 또는 크 래커다. 가볍고 오래 보관하기 쉽고, 치즈나 잼과도 잘 어울린다.

기본 재료

호밀가루: 300g

전분가루: 100g(스펠트 가루 또는 일반 밀가루로 대체 가능)

물: 190~230ml(가능한 미지근한 물을 사용한다)

소금: 1작은술

추가 재료: 다양한 씨앗(예: 아마씨, 참깨, 호박씨 등)

조리 방법

1. 반죽 준비: 큰 볼에 호밀가루, 통밀 스펠트 가루, 소금을 넣고 섞는다. 그런 다음 물을 조금씩 추가하면서 반죽을 만듭니다. 반죽이 너무 질지 않도록 물의 양을 조절한다.

2. 씨앗 추가: 원하는 씨앗을 반죽에 넣고 잘 섞어 준다. 씨앗은 고소한 맛을 더해주고 영양가를 높여준다.

3. 반죽 펼치기: 반죽을 밀대로 얇게 펴고, 원하는 모양으로 자른다. 일반적으로 원형이나 사각형으로 자르는 것이 일반적이다.

4. 굽기: 200도에서 15-20분간 구워준다. 빵이 바삭해질 때까지 굽는 것이 중요하다. 구운 후에는 식힘망에서 식혀준다.

크리스피브레드

물론 다른 주변 국가들처럼 시판 이유식들이 넘쳐나기도 한다. 굳이 엄마가 만들어 먹이는 이유식을 강조하는 것 같지는 않다. 주변의 유럽국가들처럼 스웨덴 역시 엄마와 아기를 동등하게 여기며 그들의 권리와 의무를 존중해주는 것을 중요하게 여기는 것으로 보인다.

스웨덴 이유식의 독특한 특징 몇 가지를 제외한다면 유럽의 다른 국가들과 크게 다르지 않은 것으로 보인다.

간단한 레시피

☆ Rotmos (Mashed Rutabaga and Potato)
흔히 6개월 정도가 되면 준비해주게 되는 이유식 중 하나이다.

요리시간 약 30분

재료
작은 루타바가 1개
러셋 감자 2개
저염 고기 또는 야채 육수 1리터(4컵)
(선택 사항)
월계수 잎 2장(옵션)
올스파이스 베리 4개(옵션)
통후추 8개(옵션)
무염 3테이블스푼(42g)

(사진 출처: Culinary concerto)

(염분은 성인의 입맛을 돕기 위해 사용되며, 간혹 12개월 이상의 영아들에게 허용되기도 한다.)

조리 방법
재료 준비: 루타바가와 감자를 껍질을 벗기고 큐브 모양으로 자릅니다.

끓이기: 큰 냄비에 루타바가와 감자를 넣고, 소금을 추가한 차가운 물을 부어줍니다. 물이 끓기 시작하면 중불로 줄이고, 루타바가와 감자가 부드러워질 때까지 약 15-20분간 끓입니다.

물 빼기: 재료가 익으면 물을 빼고, 다시 냄비에 넣습니다.

매시기: 감자와 루타바가를 포크나 감자 으깨는 도구를 사용하여 매시합니다.

버터와 우유 추가: 매시한 루타바가와 감자에 버터와 우유(또는 크림)를 추가하고, 부드럽고 크리미한 질감이 될 때까지 잘 섞습니다. 소금과 후추로 간을 맞춥니다.

서빙: 완성된 매시드 루타바가와 감자를 그릇에 담아 따뜻하게 서빙합니다.

이 레시피는 다양한 변형이 가능하며, 마늘이나 허브를 추가하여 풍미를 더할 수 있습니다.

루타바가(rutabaga): 배추속의 재배종 식물이다 (출처,wiki백과)(참고; 미있는 지구와 생명의 역사". 《레디앙》.

순무와 비슷한 외형으로 스웨덴 순무라고도 불린다. 비타민 C, 칼륨, 마그네슘 및 섬유질이 많이 들어있다. 약간의 당분은 있으나 지방이나 콜레스테롤은 전혀 없으며 주로 유럽에서 스튜와 볶음요리로 많이 사용된다.("참고 CNN 선정, 건강위해 올해 주목해야 할 '채소') 당근이나 감자와 함께 으깨어 퓌레로 만들어 먹는 것도 흔한 요리법이다.

(사진 출처: 위키백과)

저장: Rotmos는 진공 용기에 보관하여 냉장실에서 약 3일, 냉동실에서 약 2개월간 두고먹일 수 있다.

1
임산부와 음주
임신을 하게 되면 그 즉시 술은 그만 마시는 것이 좋겠다

큰 아이를 데리고 소아과를 방문한 엄마가(얼핏보면 임신 중기를 지난 것처럼 보이는) 귀에 대고 속삭이듯 묻는다.

'저… 임신하면 술 마시면 안 되죠?" 물론 모유수유를 하고 있는 엄마도 "맥주 한 잔 마시면 안 되나요?"라고 묻기도 한다.

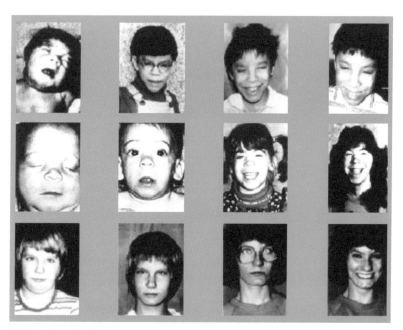

태아 알코올 증후군

태아 알코올 증후군을 일으킬 수 있는 알코올의 양이 정해져 있지 않다.

알코올, 즉 술은 전 임신기간을 통해 종류나 마신 양과 상관없이 안전하지 않다고 보면 된다. '맥주 한 잔도 괜찮지 않다'는 의미이다.

아이를 분만하기 전에 술을 마시면 '태아알코올증후군(Fetal Alcohol Syndrome, FASD)'으

태아 알콜 증후군의 머리와 얼굴의 특징적인 증상 (2가지 이상)

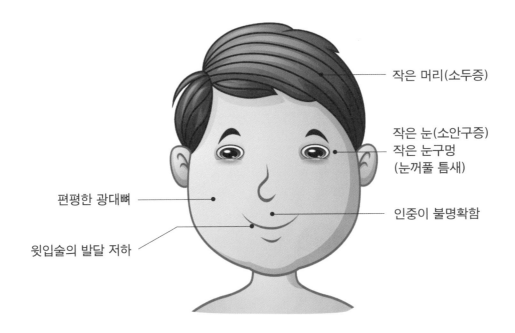

로 진단될 수 있다.

혈중의 알코올이 탯줄을 타고 태아에게 전달이 되며, 유산이나, 사산의 원인이 되기도 하고 태아기뿐만 아니라 평생 어느 정도의 행동, 인지 및 신체적인 장애를 겪을 수 있다.

태아알코올증후군의 증상 중 가장 대표적인 것은 '안면 기형'으로 인중이 낮고 눈의 가로 길이가 짧으며 아랫입술에 비해 윗입술이 현저하게 가늘다.

그 외에도 작은 두상, 다소 작은 키, 저출생 체중, 협응력의 장애, 행동 과다, 집중 장애, 낮은 기억력, 학업 장애(특히, 수학), 학습능력 저하, 말 또는 언어 발달지연, 영유아기의 수면 장애, 시력 또는 청력의 문제, 심장, 신장 또는 뼈와 관련된 문제들이 나타나기도 한다.

술을 언제 마시는가에 따라 나타날 수 있는 특징들이 조금씩 달라지기도 하는데, 임신인지도 알아채지 못한 초기 3개월에 술을 주로 마신 여성의 태아는 안면기형을 지닌 채 성장할 수도 있다. 전 임신 기간 동안 술을 계속 마신 임산부는 '저출생 체중아'나 행동 장애를 지닌 아이를 낳을 수도 있다.

태아의 뇌는 분만하는 동안에도 성장과 발달을 멈추지 않기 때문에, 임신을 하게 되면 그 즉시 술은 그만 마시는 것이 좋겠다. 하지만 어느 시기이든 금주가 시작되는 시점 이후로는 더 이상의 태아의 기형이나 행동 장애 등과 같은 문제가 나타나는 것은 예방할 수 있다.

2
임신과 카페인

여름으로 들어설 무렵, 오월의 마지막 햇살이 찬란하게 부서지던 어느 오후, 오랜만에 나도 컨디션이 괜찮고 동생도 큰 아이가 유치원에서 오려면 아직 시간이 남아있어 둘이 함께 산책도 하고 근처 커피숍에도 들르기로 하고 길을 나섰다. 예전에는 에스프레소를 먼저 마시고 다시 진한 아메리카노를 즐기곤 했던 커피 마니아였지만 몸이 아프고 나서는 아주 연한 커피만 약간 즐기는 정도가 되었다. 동생 것은 전처럼 아메리카노를 주문했더니 갑자기 만류를 한다. "언니! 나는 오렌지 주스로 ~!" 평소 과일도 별로 즐기지 않

는데 오렌지 주스라고? "아니 왜?" "응… 아침에 검사했는데 아무래도 주엽이 동생이 생긴 것 같아." 멋쩍은 듯이 머리를 긁적거리며 대답했다.

임산부가 가장 흔히 마주하게 되는 고민 중 하나가 커피 그만 마시기, 특히 직장에 다니는 산모들이나 아니면 전업주부라도 아침에 남편과 아이들이 출근하고, 등교하고 나면 생기는 작은 여유와 커피는 주부들에게 작은 상처럼 주어지는 하루 중 많지 않은 행복을 의미한다.

얼마전 주산의학회에서도 카페인에 대한 발표와 토론이 있었다. 당시 연사로 나오셨던 산부인과 선생님도 '어느 정도의 커피는 마셔도 괜찮지 않겠냐~'면서 본인도 실제로 산모들에게 약간의 커피는 마셔도 된다고 상담해 주고 있다고 했다.

나도 보통은 어느 정도의 술~, 어느 정도의 카페인~에 대하여는 비교적 온건한 입장인 편이다.

어떤 여성이든 원치 않던 임신을 한 경우가 아니라면 본인이 임신을 했다는 사실을 알게 된 순간부터 본인들이 일상생활 중 너무나 가까운 몇몇의 기호 식품에 대한 접근 중지 명령을 내리게 된다. 예외가 있다면, 필자가 근무하는 병원은 미혼모 시설과 제휴 병원이어서 적게는 14세부터 40대까지 다양한 연령의 미혼모들이 분만하러 온다. 그들 중 과반수는 본인의 임신 사실을 거의 만삭이 되어서야 알게 되었다고 고백하기도 하고, 나머지 과반수는 임신 사실과 무관하게 분만 직전까지 술과 담배 등을 계속했다고 말하기도 한다.

사실을 말하자면, 임산부에게도 하루 150~200mg의 카페인 함량은 허용이 된다. 카페인은 주로 커피의 주성분으로 알려져 있지만, 건강에 좋을 것만 같은 'Tea(차, 녹차 또는 홍차)'나 콜라(심지어는 다이어트 콜라도), 당이 떨어진다고 느낄 때 하나씩 먹기도 하는 초콜릿이나 사탕에도 소량의 카페인이 들어있다.

카페인

커피의 주성분으로 알려진 '카페인'은 혈압을 올리거나 맥박이 빨라지고, 이뇨작용도 한다. 카페인은 도파민이란 신경전달물질의 분비를 촉진시키는 역할을 한다. 도파민은 의욕을 샘솟게 하는 물질이기 때문에 적당한 카페인 섭취는 생활에 활력을 불어넣는데 많은 도움이 될 수 있지만, 산모에겐 무리를 줄 수 있다. 또한 혈압이 오르거나 맥박이 빨라지기도 하고, 이뇨작용을 하기도 하는데, 이뇨작용을 심하게 겪는 산모는 잦은 배뇨로 인한 체액 부족이 발생하기도 하고 결국 태아가 탈수현상을 겪을 수도 있다. 체액의 부족은 양수 부족으로도 이어질 수 있어 분만 중 문제가 생길 수 있고, 저출생 체중아, 미숙아 들이 나올 수도 있다고 하지만 아직까지 정설로 받아들여지고 있지는 않다. 아무래도 더 많은 연구와 노력이 필요한 분야인 것 같다.

소량의 카페인은 괜찮을까?

식품의약품안전처에 의하면 카페인 1 일 최대 섭취량은 성인 400mg, 임산부 300mg, 어린이 체중 1kg당 2.5mg 이하를 권고하고 있다. 2018년 한국소비자원에서는 매장 수 상위 커피전문점 및 편의점에서 테이크 아웃 원두커피 제품에 대한 카페인 함량 및 표시 실태 조사를 공개했다. 특히 아메리카노와 콜드브루는 비교적 고카페인 음료에 해당하며 1ml당 카페인 평균 함량은 각각 0.44mg, 0.89mg으로, 평균 아메리카노 1잔은 125mg, 콜드브루는 약 212mg으로 나타났다. 커피음료 1캔(88.4 mg), 에너지음료 1캔(58.1 mg)의 평균 카페인 함량보다 높았다. 콜드브루의 경우 1잔만 마셔도 이미 하루 권장 섭취량을 넘길 수도 있으니 임신 중에 조금이나마 커피를 즐기고 싶다면 가능한 카페인 함량이 적은 브랜드나 카페인 추출방식 등을 살펴보고 현명한 힐링을 꿈꾸어 보는 것은 어떨까? 요즘처럼 긴 여름에 지치기 쉬운 임산부들을 위해 퇴근하면서 아이스 아메리카노 한 잔을 사 들고 가는 센스 있는 남편이 되어보자.

커피와 카페인에 대하여 좀 더 깊게 알아보자!

아마 전 세계적으로 어디서든 사랑받는 음료 중 하나가 커피가 아닐까? 실제로 커피는 고유의 맛과 향으로도 충분히 사랑받을 만하지만, 커피를 마시면 어느 정도의 각성 효과와 자극 효과로 기분이 좋아지는 느낌이 들기도 해 더 많은 대중의 사랑을 받고 있다. 개인적으로 나는 처음 커피를 마시기 시작했던 때가 초등학교 5학년이었다. 시험공부를 함께 하기로 하고 친구 집에 모였는데, 그 친구는 공부 시간에 밥그릇에 커피믹스를 가득 타서 마시고 있었다. 우리들의 놀라는 표정을 보면서 친구가 말하길 "커피를 마시면 잠이 잘 안 와서 시험공부할 때 마시면 좋아~"라는 것이었다. 나는 내심 그 말에 자극을 받았고 그다음부터는 나도 집에서 커피를 마시기 시작했는데, 걱정 하시는 부모님께 커피를 마시면 집중도 잘되고 별로 졸리지 않아 시험공부에 도움이 된다는 말로 안심을 시켜드렸었다. 초등학교 5학년이 마시는 커피는 맛과 향보다는 카페인이 주는 각성과 에너지 효과만을 노리는 것이었고, 한참 후에 성인이 되고서야 정말 커피가 주는 풍미를 알아가게 되었다.

커피의 브랜드나 커피 추출 방식에 따라 1잔의 커피에 담긴 카페인의 함량은 제 각각이다. 커피는 커피의 원재료인 커피콩이 생산되는 장소에 따라서도 맛과 향, 카페인 함량이 다르고, 보통은 로스팅을 오래 할수록 맛이 깊어서 카페인 함량이 많을 것이라고 생각할 수 있지만, 실제로는 로스팅이 가벼울수록 카페인 함량이 높다. 나도 예전엔 에스프레소가 카페인 함량이 더 많을 것이라고 생각했지만 에스프레소는 소량씩 제공되고 기본 단위인 원 샷의 에스프레소는 1.5온스(약 45cc) 정도로 65mg의 카페인이 들어있다. 투 샷으로 마실 경우 약 130mg의 카페인을 마신다고 볼 수 있다. 에스프레소를 기본으로 하는 커피들로 라테, 카푸치노, 마키아토, 아메리카노 등은 기본 에스프레소의 샷

의 수에 따라 카페인 함량이 달라진다.

일반인들이 가장 많이 마시는 커피는 증류로 추출한 Brewed Coffee인데 한 컵(약 240 cc)의 커피에 약 70~140mg(평균 약 95mg)의 카페인이 들어있다. 인스턴트커피는 추출 방식의 커피를 기본으로 냉동건조 또는 분무건조 방식으로 만든다. 보통 한두 스푼의 분말 커피에 뜨거운 물을 부어 바로 마실 수 있도록 만드는 인스턴트커피는 일반 커피에 비해 상대적으로 카페인 함량이 낮아, 한 컵의 커피에는 약 30~90mg의 카페인이 들어있다.

요즘은 디카페인 커피를 즐기는 사람들도 꽤 많아지고 있다. 디카페인 커피를 마시면서 카페인으로부터 자유롭게 커피의 향과 풍미를 즐기려는 사람들이 늘어났기 때문이다. 그러나 디카페인 커피에 카페인이 전혀 없는 것은 아니다. 미국 식품의약국(FDA)에서는 보통 커피에서 97%의 카페인을 제거하면 디카페인이라는 수식어를 붙일 수 있도록 허가했다. 제품마다 약간의 차이가 있지만 한 컵의 커피에 약 0~7mg(평균 약 3mg)의 카페인이 들어있다. 디카페인 커피라도 카페인을 꽤 많이 함유하고 있는 것도 있기 때문에 디카페인을 즐기려면 먼저 상표에 표시된 성분분석표를 확인하는 것이 좋겠다.

커피의 브랜드마다 카페인 함량의 차이가 있다!

전 세계적으로 가장 많이 알려진 브랜드는 별다방을 꼽을 수 있을 것이다. 별다방커피는 다른 브랜드에 비해 카페인 함량이 높은 것으로 알려져 있다. 컵의 크기에 따라

숏(8 oz): 180mg

톨(12 oz): 260mg

그란데(16 oz): 330mg

벤티(20 oz): 415mg의 카페인이 들어있다.

게다가 원 샷의 에스프레소에도 75mg, 디카페인 커피에도 약 15mg의 카페인이 들어있다.

전 세계적인 패스트푸드 체인을 갖고 있는 M브랜드는 카페인 함량에 대해 따로 계산해서 표시하지는 않지만 주로 추출 방식의 커피이며

스몰(12 oz): 109mg

미디엄(16 oz): 145mg

라지(21~24 oz): 180mg의 카페인이 들어있을 것으로 추정된다.

에스프레소는 71mg, 디카페인 커피도 컵의 크기에 따라 8~14 mg의 카페인이 들어있을 것으로 추정된다. (ref. Healthline, Amber Charles Alexis, MSPH, RDN on June 14, 2021)

반면 우리들이 너무나 사랑하는 달콤한 도넛들로 유명한 한 체인회사(D)

에서 판매하고 있는 커피는 스몰(10 oz): 215mg

미디엄(16 oz): 302mg

라지(20 oz): 431mg

엑스트라 라지(24 oz): 517mg의 카페인이 들어있다. 원 샷의 에스프레소에도 75mg의 카페인이 들어있어 일반 에스프레소의 투 샷에 들어 있는 카페인과 비슷한 양이다.

생각했던 것보다 훨씬 많은 양의 카페인이 들어있었는데 비해 D사의 커피 맛은 내 개인적으로는 훨씬 부드러운 풍미를 가졌다.

임산부와 커피

산모는 스스로 카페인 함량을 고려해 매일 마시는 커피 양도 통제할 수 있지만, 태아는 스스로 카페인 양을 조절할 능력이 없고, 산모가 아무리 조심스럽게 커피를 마셔도 태아가 받을 수 있는 영향을 정확히 예측하기는 어렵다.

아무튼, 미국이나 영국에서는 현재까지 공식적으로 처음엔 하루 1~2컵 정도의 커피를 마시다가 점차 디카페인 커피와 병행하면서 아예 당분간 커피는 마시지 않도록 권하고 있다.

결국, 임산부가 커피를 비롯한 각종 카페인류의 음료나 기호식품을 마시거나 먹는 것은 되도록 피하거나 줄이도록 권장하고 있는 셈이다.

그러나, 카페인은 곧 커피라는 생각은 잘못이다.

각종 차, 초콜릿, 사탕, 에너지 드링크, 콜라 등은 물론이고 몇몇 종류의 약물에도 카페인이 어느 정도 들어있다. 꽤 오래전에 비교적 가깝

게 지내던 인도인 친구가 있었는데 그 친구는 콜라를 물 마시듯 마시곤 했다. 시험 공부할 때는 아예 페트병으로 계속 마시면서 밤샘을 하기도 했다고 했다. 각성효과와 더불어 기분도 좋아지는 경험을 했다고 한다.

얼마 전 TV를 통해 재방송 중인 예전 인기 드라마를 우연히 보게 되었다. 서로 사랑이 가득한 드라마 속 남편이 임신한 아내가 늦게까지 일에 열중하는 것을 응원하기 위해 아

내 사무실에 들렀다. 가지고 온 음료를 아내에게 내밀면서 "자기는 차로 드세요~. 우리 아기도 있으니까". 나는 순간 화들짝 놀랐다.

카페인은 찻잎, 코코아, 커피 등의 식물과 이런 식재료가 첨가된 음식이나 음료에도 들어있다. 미국의 유명 건강관련 매거진인 헬스라인(Healthline.com)에서 카페인이 들어있는 대표적인 10가지 식품을 소개했다.

특히 8 oz (240 ml)의 동량의 음료에 들어있는 카페인 함량도 비교하였는데 꽤 재미있다.

에스프레소: 240~720mg

커피: 102~200mg

마테차 : 65~130mg

에너지 드링크: 50~160mg

차 (우려낸 차): 40~120mg

소프트 드링크: 20~40mg

디카페인 커피 : 3~12mg

콜라넛: 2~7mg

초코 우유: 2~7mg

등을 꼽고 있다.

초콜릿에는 항산화 물질이 들어있어 적당량만 섭취하면 건강에 도움을 주고 두뇌활동을 도와주기도 하지만 초콜릿 100g당 10~21mg, 초코 우유 500ml당 237mg의 카페인이 들어있는데 보통 판매되고 있는 초코 우유 한 팩은 200ml로 약 95mg의 카페인이 들어 있다고 볼 수 있겠다. 우리 아이들이 좋아하는 초코 우유 한 팩을 먹을 경우 95mg, 거의 커피 한 잔에 해당되는 카페인을 섭취하게 된다. 한국소비자원에서 시중에 판매 중인 초콜릿 25종의 카페인 함량을 조사해 보니 초콜릿 1개당 3.7~47.8mg(평균 17.5 mg) 수준의 카페인이 들어있는 것을 밝혀냈다. 다크 초콜릿일수록 카페인 함량이 많다.

껌이나 사탕도 약 1kg에 500mg 정도의 카페인이 들어있는 것은 나도 이번에 카페인에 대해 공부하면서 처음 알게 되었다.

지리산 쌍계사 입구 '대렴공추원비'

보통 커피를 마실 수 없는 상황이 되면 그 다음으로 많이 찾는 음료가 커피와 거의 견줄 만큼 전 세계인의 사랑을 받는 차(tea, 茶)일 것이다. 삼국사기의 기록에 의하면 "신라 흥덕왕 3년(서기 828년)에 당나라에서 돌아온 사신 '김대렴'이라는 자가 차 종자를 가지고 왔고, 왕은 지리산에 차 종자를 심게 하였다고 한다. 이미 선덕여왕 때부터 차를 즐기기 시작했지만, 흥덕왕 시대에 이르러서야 차를 더 많은 사람들이 마시고 즐기게 되었다는 것이다. 1981년 5월 25일 진주 촉석루에서 한국 차의 날 선포식과 쌍계사 경내 김대렴의 공을 기리는 대렴공추원비 건립 제막식이 있었다. 이는 중국에서 차 종자를 가져와 왕의 명으로 지리산록에 심고 중국으로부터 차나무 재배를 공인받아 하동군이 차나무 시배지가 된 것에 대한 공을 추모하기 위해 공추원비를 세웠다.

차와 카페인

A. 녹차와 카페인

차는 보통 가공 방법과 발효 상태에 따라 녹차, 백차, 청차, 황차, 홍차, 흑차로 나뉘는데, 그 중에서 발효시키지 않은 찻잎을 사용하여 만든 차를 '녹차'라고 한다.

요즘 녹차를 즐기는 방식은 다양해졌는데, 국내에서 사랑받고 있는 가장 대중적인 녹차로는 '현미녹차'인 것 같다. 아마 가까운 마트나 대형 슈퍼마켓에서 가장 쉽게 구할 수 있고, 따뜻한 물에 우려낸 맛도 거부감 없이 받아들일 수 있을 만큼 고소하고 부드러운 편이다. 안타까운 점은 시중에 판매되고 있는 '현미 녹차'는 현미 70% + 녹차 30%로 구성되어 있어 실제로는 녹차보다는 현미차에 더 가깝다고 볼 수 있다. 순수 녹차 티백 제품은 주로 녹차원, '오○○' '티○' 등의 회사에서 주로 판매하고 있고, 녹차추출액이 약 99%인 캔 제품도 있는데 녹차캔은 시중의 자동판매기에서도 쉽게 찾아볼 수 있다.

보통 찻집에서나 가정에서는 3~4oz 정도의 찻잔에 우려낸 차를 따라 마시게 되는데 약 8oz(240mg) 정도를 마신다고 가정하면 30~50mg의 카페인을 마시는 것과 같다.

자연 그대로 가공한 식품이어서인지 우리나라 사람들에게는 왠지 커피를 대신해 마실 수 있는 대체 식품처럼 생각되기도 한다. 하지만 녹차 한 잔(약 8oz, 240ml)에는 약 30~50mg, 녹차 아이스크림 100g에는 약 50~100mg의 카페인이 들어있다.

B. 홍차와 카페인

홍차(紅茶)는 찻잎 내부의 성분이 자체에 들어있는 효소에 의해 붉은 색을 나타낸다.

우리나라에서는 보이는 빛깔대로 홍차라고 하지만, 별다방이나 혹은 다른 커피숍에 붙어있는 메뉴에는 black tea라고 쓰여있는 메뉴가 홍차라는 것은 이제 대중들도 대부분 알고 있다. 오히려 영어로 red tea라고 적힌 차는 '루이보스'라는 허브를 우려낸 차를 의미한다. 흔히들 녹차는 동양, 홍차는 영국을 비롯한 서양의 문화라고 알고 있지만, 실제로 녹차와 홍차는 한 차나무(Camellia sinensis)에서 만들어진다. 찻잎의 발효(산화) 유무에 따라서 녹차와 홍차로 나누어진다. 찻잎을 따서 먼저 공기 중에 노출시키는 발효과정을 거치면 찻잎이 짙은 갈색으로 변하고 풍미도 깊어지는데 이렇게 만들어진 차를 홍차라고 한다.

카페인의 함량을 비교하자면 찻잎 자체가 커피보다 카페인이 많다.

하지만 우려 나오는 양은 60% 정도여서 정작 차로 우려 마실 경우 커피의 약 절반에 해당하는 카페인을 섭취하게 된다(홍차 한 잔을 약 8 온스로 볼 때 약 47mg의 카페인이 함유되어 있다). 녹차보다는 홍차가 카페인이 조금 더 들어있다.

요즘은 홍차에 우유를 넣어 만든 밀크 티가 홍차 특유의 떫은 맛을 줄이고 우유의 부드러움을 더 해 그 특유의 맛에 익숙하지 않은 우리나라 사람들 사이에서도 많은 사랑을 받고 있다. 다만, 주의해야 할 점은 홍차는 철분의 흡수를 떨어뜨리고, 음식물의 소화도 방해하는 성분들이 있기 때문에, 식사 전후로 홍차를 마시는 일은 피하는 것이 좋겠다. 적어도 식후 약 30분 정도 지난 후부터 홍차를 음미하는 시간을 누려보는 것이 좋을 것 같다. 또 한 가지, 아내가 임신한 사실을 알게 된 신혼의 남편이 사랑하는 아내에게 커피 대신 차를 내어 주는 것이 현명한 방법은 아닌 것 같다.

디카페인 커피 vs 임산부용 커피

임산부에게도 200~300mg의 카페인이 허용된다고는 하나, 앞서 설명한 내용들을 참고한다면 가급적 임산부들은 카페인 음료를 피하는 것이 좋겠다는 결론을 내렸다.

그런데, 최근 임산부들이 점점 찾고 있는 임산부용 커피의 경우는 좀 다르다.

일반적인 커피 대신 카페인을 97~98% 제거한 디카페인 커피를 마시는 것을 추천하는 사람들도 있지만, 요즘엔 임산부들이 커피대신 즐겨 찾는다는 커피 대체품(곡물커피)들이 시중에 많이 나와있어 인기리에 판매가 되고 있다고 한다.

그 중 무카페인 보리차를 많은 임산부들이 애용하고 있는데, 밥 먹는 숟가락으로 하나 가득 또는 하나 반 정도를 300~400cc 정도의 텀블러에 타면 일반 커피처럼 크레마도 올라오면서 나름대로 커피 마시는 기분을 느낄 수 있다고 한다.

실제 커피와 비교하면 곡물커피는 처음에는 아주 연한 아메리카노 맛이 나다가 끝 맛은 아주 세게 태운 보리차를 우려낸 듯한 텁텁함이 입안에 살짝 남는다. 진하게 우려낸 보리차의 색은 블랙커피와 비슷하기도 하다. 커피의 향긋한 맛보다는 다소 쓰고 텁텁한 맛이 더 나는 편이지만, 커피를 대체하기에 크게 불편하지 않을 정도이다.

비슷한 색과 비슷한 맛으로 카페인을 대신하여 임산부들에게 인기가 있다.

곡물커피

유기농 그라나 말토
(발효) 오르조 100g
(폴란드산

여름이면 늘 손에서 떨어지지 않는 아이스 아메리카노 (요즘엔 "아아"라고들 많이 부른다)와 크게 다르지 않아 보인다.!

보리커피의 경우 병으로 된 것과
스틱으로 나온 것이 있다.

유기농 스틱 그라나 35g (이탈리아산)

모○○○는 이미 유제품으
로 유명한 회사로 아이스
크림이나 연유가 인기가
있다.

이 회사에서 임산부용 우
유로 카페오레맛을 내는
제품(스틱)을 판매하고 있
는데, 블랙커피보다는 카
페오레나 라떼와 같은 달
달한 커피를 좋아하는 임
산부들에게 인기가 있다.

복용 방법: 물이나 우유(140ml)에 스틱 1개를
넣어 저어서 음용한다. 기호에 따라 꿀이나 시럽
을 곁들여도 좋다.

임산부용 우
유 (카페오레
맛) -일본

디카페인 커피

디카페인 커피는 일반적으로 원래의 카페인 성분 중 1~2%를 포함한다. 임산부, 당뇨 환자, 위가 약한 사람도 마실 수 있다는 장점이 있다.

디카페인 커피는 독일의 커피 사업자 루트비히 로젤리우스(Ludwig Roselius, 1874~1943)와 그의 동료들이 1903년에 개발하였다. 우연히 바닷물에 빠트린 원두에서 카페인이 대부분 소실되고 맛은 크게 바뀌지 않는 점을 알게 된 후 이 공정에 대해 1906년 특허를 받았다. 예전에는 커피원두를 다양한 산성 혹은 염기성 물질로 스팀 처리한 후 벤젠을 사용했는데 이 후 로스팅되지 않은 원두를 먼저 스팀을 가한 후 다이크로메테인이나 에틸아세테이트와 같은 화학물질로 헹구어 주는 방법으로 전환되었다가 시간이 지나면서 좀 더 자연스러운 공정을 위해 노력한 결과 화학물질을 아예 사용하지 않고 물에서 카페인을 분리해내는 방법을 찾으면서 water process를 통한 디카페인화가 정립되어 사용되기 시작했다.

차(tea)도 디카페인을 할 수 있다. 일반적으로 차 한 잔은 40~50mg의 카페인을 갖고 있어 커피의 반 정도에 해당한다. 블랙 티나 우롱 티를 만들기 위해 CO_2공정을 사용하는데, CO_2공정이 편리하고 비파괴적이며 무해한 반면, 일반 녹차와 CO_2를 사용하여 디카페인 시킨 녹차를 비교해보니 몇몇 성분이 감소하거나 사라진 것이 관찰되었다.

＊ 출처: 나무위키

CO_2방식 외에도 따뜻한 물을 사용하여 디카페인 하는 방식이 있다. 이때 최적의 조건은 물의 온도, 추출 시간, 물과 찻잎의 비율에 의해 결정된다. 100℃이상의 온도에서 1:20 잎·물의 비율로 3분간 추출하면 카페인 함량의 83%를 제거하고 전체 카테킨의 95%를 보존할 수 있다. 카테킨은 플라바놀의 일종으로 차의 향미에 기여하고 암을 억제한다고 알려져 있다. 찻잎은 어린잎일수록 카페인 함량이 높다.

여러 회사와 커피 브랜드에서 디카페인 커피를 만들어 판매하고 있지만, 임산부들에게는 디카페인 커피로 디카페인 콜드 브루(cold brew)커피와 미스티브루 디카페인 커피액상 원액 25ml(스틱, 30개)이 인기가 있다.

3
주산기 비타민

임산부용 비타민은 건강한 임신 유지를 위해 필요한 비타민과 미네랄을 체내에 공급하기 위해 임산부를 위해 만든 보충제다. 병원에서도 임신을 계획하고 있거나 임신 중인 산모들이 복용하도록 제안하기도 한다.

주산기 비타민들에는 다음과 같은 것들이 있다.

엽산 400mcg

비타민 D 400 IU

칼슘 200~300mg

비타민 C 70mg

티아민 3mg

리보플라빈 2mg

나이아신 20mg

비타민 B12 6mcg

비타민 E 10mg

아연 15mg

철 17mg

요오드 150mcg

엽산

임신을 계획 중이거나 임신 가능성이 의심되면 바로 엽산 섭취를 시작하는 것이 좋다. 엽산이 결핍될 경우 발생할 수 있는 신경관 결손은 여성들이 자신이 임신했다는 사실을 알기도 전, 임신 초기에 발생한다. 수정 후 4주가 지나면서 혈액, 신장, 신경세포, 뇌, 척수 신경, 심장 및 소화기관들이 만들어지기 시작하는데, 특히 척추나 척수 신경의 결합에 문제가 발생하면서 척추갈림증, 신경관 결손 또는 뇌증과 같은 심각한 장애가 발생할 수 있는데 이를 통틀어 신경관 결손이라고 한다. 임신 초기에 발생할 수 있는 선천적인 결함들은 특정 약물이나, 약물 남용, 심각한 알코올 중독이나 루벨라 감염에 의한 풍진 등이 주로 관여되지만, 특히 신경관 결손은 엽산의 결핍이 주요한 원인으로 알려져 있다.

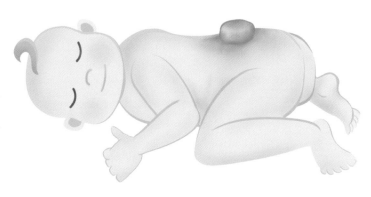

척추갈림증은 척추의 작은 뼈가 완전히 닫히지 않아 척수 신경의 일부가 척추를 관통하게 된다. 척추갈림증이 발생하면 다리가 마

척추궁
척추신경

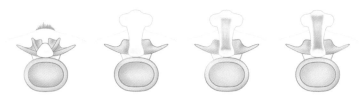

척추갈림증

비되고 심한 경우 방광이나 장운동 조절 능력을 상실하여 대소변을 스스로 가릴 수 없게 되기도 한다.

신경관 결손의 가장 심각한 형태로는 '무뇌증'이 있으며 뇌피질 조직이 없고 두개골이 발달하지 않는 것이 특징이다. 이 상태의 아기는 뇌, 두개골 및 두피의 주요 부분이 없고 출생 후 보통 몇 시간만에 사망한다. 여아가 남아보다 3배 정도 더 많이 발병한다. 신경관 결손은 임신 초기에 발생할 수 있는 심한 출생 기형으로 결국엔 사산되거나 평생 장애를 요하는 원인이 된다.

임신 전과 임신 초기에 충분한 엽산을 섭취하면 신경관 결손의 최대 85%를 예방할 수 있다.

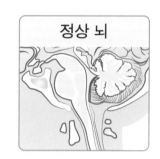

정상 뇌

기형의 뇌

소뇌

뇌간

두개골

척수

또 다른 유형의 결함인 키아리 기형 (Chiari malformation) 은 뇌 조직이 척추 관으로 밀려 내려오는 형태이다.

실제로 임신의 과반수 이상은 계획되지 않은 채 발생하는 편이어서 미리미리 엽산을 챙겨 먹는 일이 쉽지는 않다. 빨라도 3~4주가 지나야 임신 사실을 확인하게 되는 편이어서 그나마도 평소 생리 주기가 불규칙했던 산모는 더 늦게야 임신 사실을 알게 되는 경우도 많다. 이런 사정들을 살펴본다면 임신 가능성이 있거나 임신을 계획 중인 여성은 미리 엽산을 복용하는 것도 좋은 방법이다. 임신 전 약 3개월 전 또는 임신 직후부터 임신 첫 12주 동안 매일 400mcg의 엽산을 섭취하도록 권장하고 있다. 산모가 이미 신경관 결손이 있는 아이를 출산한 경험이 있다면 임신 전부터 임신 첫 4주동안 고용량(4,000 mcg 이상)의 엽산을 복용하는 것을 추천하기도 한다.

엽산이 풍부한 식품들로는 녹색 잎이 많은 채소, 견과류, 콩, 감귤류, 기타 엽산이 강화된 식품 등이 있다.

예전에 필자의 지인이 임신을 처음 진단받은 병원에서 엽산을 군이 먹을 필요는 없고 '바나나'를 많이 먹으라고 했다며 내게 의견을 물은 적이 있다. 혹시나 하는 마음에 나도 바나나의 엽산 성분을 찾아본 일이 있다.

영양성분표마다 약간의 차이가 있긴 했지만 보통 바나나 100g을 기준으로 엽산이 10~40mcg 정도 들어있다고 적혀 있었다. 바나나의 생산지나 가공 여부에 따라서도 조금씩 차이가 난다.

"바나나로 엽산을 대신하려면 적어도 바나나를 하루에 5~10개는 먹어야 할 거야."

사실 바나나는 식사 대용으로도 인기가 많다. 그런데 1개만 먹어도 포만감이 큰 바나나를 매일 몇 개씩 먹는 것도 쉬운 일은 아니지 않은가?

나는 그냥 엽산을 따로 구매해서 드시라고 권하고 싶다!

칼슘과 비타민 D

　칼슘 역시 임산부에게 매우 중요한 영양 성분이다. 태내에 아기의 뼈 성장을 위해 엄마의 칼슘을 사용하기 때문에 엄마의 골밀도를 유지하기 위해 칼슘과 함께 비타민 D를 섭취하는 것도 잊지 말아야겠다.

요오드

　임산부와 아이의 갑상선과 두뇌 발달을 위해 요오드가 매우 중요한 역할을 한다. 요오드 결핍이 생기면 유산, 사산, 성장 장애, 정신지체, 난청과 같은 심각한 태아의 문제들이 발생할 수 있다.

　그러나 보통 음식을 하면서 꼭 필요한 소금이 요오드로 강화되기 때문에 일반적으로는 보통의 식단을 통해서도 충분히 요오드의 섭취가 가능하다.

철

철분은 적혈구를 만드는 데 필요하다. 혈구세포들은 아이에게 산소를 운반하는 역할을 하게 되므로 무엇보다 태아의 성장에 중요한 요소이다.

아연

아연은 주로 면역체계와 세포의 성장과 분열에 필요한 성분이다. 아연이 부족할 경우, 미숙아의 출생이나 저출생 체중아, 자궁내 성장 지연아의 분만 또는 사산, 태아의 신경관 결손 또는 유산 과 같은 심각한 태아의 장애를 초래할 수도 있다. 특히나 임신 초기의 아연 결핍은 자궁내 성장지연의 발생률을 높일 수 있고, 임신 후반기의 아연 결핍은 저출생 체중아의 분만 가능성이 높다. 아연은 임신 전반기에 걸쳐 부족하지 않도록 신경을 써야하는 중요한 성분이다.

오메가-3

DHA(도코사헥사엔산) 및 EPA(에이코사펜타엔산)를 포함하는 필수지방산은 생선 및 견과류와 같은 식품에서 얻을 수 있고, 태아의 중추신경계 및 눈의 발달에 중요하다는 점에 대해 한 번 더 언급하고 지나가고자 한다. 평소 식단에서 오메가-3가 풍부한 생선 등을 자주 먹을 수 없는 환경이라면 DHA가 포함된 영양 보충제를 따로 선택하는 것도 추천한다.

콜린

콜린은 근육 수축을 돕고 기억과 사고를 포함한 뇌 발달에 중요한 역할을 하는 신경 전달 물질로 전환되며 아기의 뇌와 척수가 적절하게 발달하는 데 도움이 되는 중요한 영양소에 속한다. 몇몇 연구가들은 콜린이 엽산과 같이 신경관 결손으로부터 아기를 보호할 수 있다고 한다.

콜린 역시 우리 체내에서 스스로 만들어낼 수 없고 대부분은 음식을 통해 얻을 수

있으며, 소고기, 돼지고기, 닭고기, 생선 및 계란 등이 주요 공급원이다. 소고기 간 100g에는 약 400mg의 콜린이 들어 있어 가장 콜린이 풍부한 식품이다. 큰 계란 1개에 150mg의 콜린이 들었고, 브로콜리 한 컵의 분량은 약 60mg의 콜린이 들어있다.

건강한 성인 남성은 약 500mg의 콜린

이, 여성은 약 425mg의 콜린을 매일 섭취하는 것이 좋다. 임산부는 25mg을 더 섭취하고, 모유수유를 하는 여성은 175mg의 콜린이 추가로 필요하다. 실제로 평소의 식단을 통해 하루에 필요한 충분한 콜린을 섭취하는 것도 쉽지 않고 결국 콜린을 포함한 적당한 보충제를 복용하는 것이 권장할 만한 방법이다.

태아 비타민 복용을 시작해야 할 때

산전 비타민 복용을 시작하기에 가장 좋은 시기는 임신 전이다. 엽산은 특히 중요하다.

선천적 결함을 예방하기 위해 임신을 시도하기 최소 1개월 전에 엽산 보충제를 복용해야 한다. 일부 의사는 임신을 계획하지 않더라도 아기를 가질 수 있는 모든 여성에게 태아기 비타민을 섭취할 것을 권장하고 있다.

태아기 비타민 부작용

일부 태아기 비타민은 이미 구역질이 나는 임산부에게 구역을 유발할 수 있다. 그런 일이 발생하면 의사와 상담을 통해 통째로 삼킬 필요가 없는 다른 종류의 태아기 비타민을 처방받을 수 있다.

4

해조류

미역(해조류)과 요오드

　보편적으로 해조류는 "superfood"(슈퍼푸드)의 범주에 속한다. 오래전부터 여러 가지 다양한 질병의 치료에도 이용되어 왔고 특히 아시아에서는 신선하고 건조한 해조류

로 만든 음식들이 인기가 있다. 요리 자체와는 별개로 비타민, 미네랄, 단백질, 섬유질 등이 풍부한데, 이들 해조류는 붉은색, 갈색, 녹색류로 분류하여 붉은 해조류는 주로 스시를 만드는 데 이용되었고 갈색 해조류는 쫄깃한 식감 때문에 스프와 스튜 등을 만드는 데 사용되어 왔다. 녹색 해조류로는 주로 샐러드나 스프를 만들었다.

원기 회복을 위한 산후 조리용 요리(미역국)

한국 사람이라면 누구라도 산모에게 '미역국'을 끓여주어야 한다는 사실의 당연함에 대하여 부정할 사람을 없을 것 같다.

'미역에는 요오드라는 성분이 풍부하대!

'산모가 미역국을 잘 먹어야 붓기도 금방 빠지고, 기력도 빨리 회복될 거야.'

'미역국을 잘 먹어야 젖도 잘 나온다고!'

이런 말들에 대해 과학자이기도 하고, 의사이기도 한 나 자신도 별다른 의심 없이 받아들이던 때가 있었다.

동생이 첫 조카를 출산하고 조리원에서 퇴소하던 날 동생 집에 방문했었다.

"언니, 직장 선후배들과 지인들이 내가 출산했다고 모두 미역들을 보내 왔는데, 나 혼자 매일 매 끼니마다 먹어도 몇 년 동안은 넉넉히 먹고도 남을 만큼 여기저기서 미역들을 보내오셨어. 혹시 미역국 좋아하면 언니가 좀 가져 갈래?"

그 말에 동생네 베란다로 나가보니 어마어마하게 많은 건미역들이 베란다 선반에 빼곡히 쌓여 있었다. 이 정도가 되면 내가 미역국을 좋아하는지, 싫어하는지가 중요한 건 아니다. 무조건 미역 다발 몇 개는 가지고 가야 한다는 생각이 들 정도였다.

한 강연에서 유명한 소아과 선생님이 우리나라 산모들이 미역국을 너무 많이 먹는 것에 대한 우려의 목소리와 함께 지나친 미역국 섭취는 가능한 피하도록 당부하시던 일이 떠올랐다. 본인도 진료실에 마주 앉은 산모들에게 '미역국은 하루에 한 번이면 족합니다.'라고 하면서 미역국만 먹지 말고 골고루 먹는 것이 중요하다고 말해주는 것을 잊지 않는다고 했었다.

그 후로 한동안 왠지 그 말에 더 설득력이 있다고 생각되어 나도 진료실에서 미역국은

하루에 한 번만 먹어도 좋다고 조언하곤 했다. 사실을 말하자면 나는 내가 전하는 말에 대한 철저한 고증을 거치거나 여러 자료들을 찾아 리뷰를 하거나 하지는 못했기 때문에 속으로는 좀 더 깊은 질문을 할까 봐 조마조마했던 기억이 있다. '과유불급(過猶不及)이지요'라는 명언 한마디면 사실 더 이상의 설명이 필요 없기도 했다.

그 후 동생이 둘째를 분만했을 때, 산모들에게 하루에 다섯 번의 미역국을 제공한다는 쇼킹한 소식을 들었다. 그제서야 비로소 산모들이 미역국을 그렇게 먹여야 하는 과학적인 근거는 무엇인지 궁금해지기 시작했다.

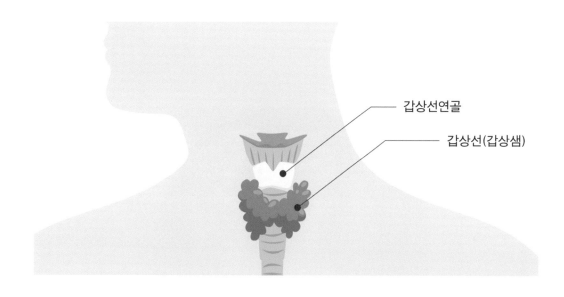

갑상선연골

갑상선(갑상샘)

2000년대에 들어오면서 서양의 학자들이 한국 산모들의 미역국 과다 섭취에 대한 관심을 보이기 시작했다. 미역국에는 요오드가 다량 들어있는 것으로 알려져 있다. 요오드의 섭취는 갑상선 기능에 영향을 미칠 수 있다는 점에서 특히 관심을 모으고 있다.

요오드는 갑상선 호르몬의 필수 성분이다. 이는 신경 세포와 체세포의 발달에 관여하고 있으며, 아가들의 성장·인지기능 발달에 매우 중요하게 작용한다. 그러나 요오드 섭취가 너무 과하거나 부족하면 갑상선 질환을 일으킬 수 있다. 산악 지역이나 요오드가 부족한 지역에서는 풍토성 갑상선종이 잘 발생하고, 요오드 결핍은 남성보다 여성에서, 그리고 임신 중에 더 자주 발생한다. 임산부가 요오드를 잘 섭취하지 못해 결핍이 되면 갑상선기능 저하증, 산모 갑상선종이 발생할 수 있고, 급성장과정을 지나고 있는 영유아는 갑상선호르몬 결핍으로 인한 뇌손상을 입을 수도 있다. 반면, 산모가 지나치게 요오드 섭취를 할 경우 신생아와 영유아들이 갑상선염, 갑상선종, 갑상선기능항진증을 경험할 수도 있고, 지나치게 요오드 섭취를 많이 한 산모 역시 갑상선 기능 장애, 자가 면역 갑상선염 및 갑상선기능저하증 등이 더 자주 발병한다고도 한다. 오랫동안 요오드 섭취를 과하게 하면 갑상선암으로 진행하기도 한다.

고려(918~1392)와 조선(1392~1910)의 고서에는 여성이 출산 후 미역국을 먹는 풍습이 기록되어 있다. 전하는 바에 의하면 고래가 출산 후에 해조류를 많이 먹는 것을 알게 되면서부터 출산 직후 산모들에게 미역국을 끓여주는 풍습이 생겼다고 한다. 요즘은 대체로 산후 초기에 미역국을 하루 세번~다섯번까지 섭취하고 3주째부터는 서서히 줄어들면서 산후 약 7~8주경이면 보통의 한국인이 먹는 정도의 미역국을 먹게 된다고 한다.

WHO에서 임산부나 수유모에게 권장하는 요오드 섭취량은 250mcg이며 최대 500mcg을 넘지 않도록 권장하고 있다. 미역국의 경우 요오드가 농축되어 있는 편으로, 보통 미역국 한 그릇(약 250ml)에 요오드가 1,705mcg이 들어있다고 하는데, 산모가 하루 세 번 미역국을 먹게 되면 5,115mcg의 요오드를 섭취하는 셈이 된다. WHO의 상한 기준을 훨씬 넘는 수치의 요오드 양이라고 볼 수 있다.

우리나라는 식생활이나 지리적인 특성 때문에 미역을 비롯한 해조류를 상대적으로 많이 먹는 편이라고 볼 수 있다. 이런 점들에 대해 궁금해하던 서양의 전문가들은 요오드를 지나치게 섭취하는 한국의 산모와 영유아들에게 갑상선 건강이나 기능에 영향이 미칠 것을 예상하고 한국의 산모와 미역국에 대한 연구를 시작했고, 지나치게 미역국을 많이 먹는 것에 대해 경고를 하기도 했다. 실제로 엄청난 양의 미역국을 먹는 한국의 산모들과 아이들에게 예상과는 달리 갑상선 관련 질환이 많이 발생한다는 근거는 별로 없다. 아직은 더 많은 연구가 필요하지만, 적어도 한국의 여성들은 과도하게 요오드를 섭취하더라도 체내에서 요오드를 대사하는 능력이나 지나친 요오드 섭취에 대하여 저항하는 능력도 또한 다른 민족에 비해 탁월하게 우수한 편은 아닐까라는 생각도 든다.

결론적으로 우리나라 산모는 다른 나라의 여성들에 비해 과도한 요오드섭취에 대하여 체질적으로 크게 영향을 받지 않는 것 같다. 물론 아직도 더 많은 연구를 통해 증명이 되어야할 부분이 있지만 말이다. 한국인은 식생활 문화와 지리적 위치 때문에 서구 국가보다 해조류를 더 많이 섭취하는데, 미역국 말고도 김, 다시마, 톳 등을 활용한 다양한 종류의 요리들이 있고, 특히 요오드가 풍부한 김은 우리 밥상에서 인기 있는 반찬 중의 하나이다.

1) 미역의 성분

　그렇다면 굳이 한국 사람에게 지나치게 미역국을 많이 먹어서는 안된다고 경고할 필요는 없을 것 같다.(적어도 한국인에게는 말이다.)

미역의 효능

1. 항암효과: 미역에는 아르기닌과 후코이단 성분이 아주 풍부하고 이 들은 체내의 발암물질 등을 흡착하여 몸 밖으로 배출해준다.

2. 다이어트: 미역의 추출물, 지방세포내 트리글리세이드의 축적을 억제하여 체중 조절에 도움을 준다.

3. 칼로리가 낮고 식이 섬유가 풍부해서 쉽게 포만감을 느낄 수도 있고, 변비 증상을 줄이는데도 도움이 된다.

4. 칼슘과 칼륨이 풍부해 골다공증이나 성장기 어린이에게 매우 유용하며, 특히 미역의

칼슘 흡수율은 타 식품에 비해 상대적으로 높은 장점이 있다.

5. 미역을 비롯한 해조류들은 생리전증후군이 심한 여성에게 매우 효과적이며, 여성의 생식능력을 높이는데도 도움이 된다.

6. 해조류에는 비타민 C가 매우 풍부하게 들어있어 체내 철분의 흡수 및 이용률을 극대화시킬 수 있다.

7. 오메가-3 지방산도 풍부하게 들어있어 태아의 뇌 발달에도 도움이 될 수 있다.

8. 미역이 유방암 발생의 위험도 낮출 수 있다고 알려져 있다.

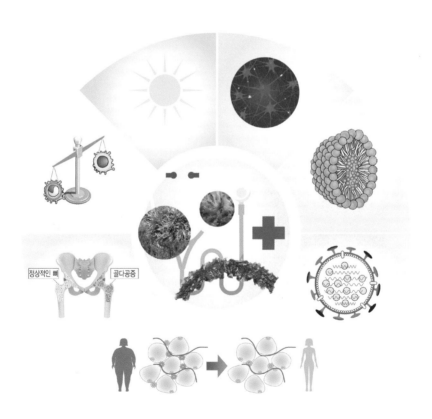

2) 미역의 영양가치

단백질	지질	수분	칼슘	인	비타민A
2.10g	0.20g	88.80g	153.00㎎	40.00㎎	233.00ER
베타카로틴	비타민E	비타민K	엽산	회분	탄수화물
1,398.00㎍	0.10㎍	140.00㎍	20.50㎍	1,398.00㎍	1,398.00㎍
식이섬유	철	아연	망간	비타민C	비타민B1
4.75g	1.00㎎	0.30㎎	0.05㎎	18.00㎎	0.06㎎
비타민B2	비타민B6	나아신			
0.16㎎	0.03㎎	1.00㎎			

＊ 미역 100 그램 당 들어있는 영양성분

미역은 바다식품으로 갈조류(미역, 다시마, 톳)에 속하고 찬물에 잘 자라기 때문에 우리나라에서는 동해안에서 많이 생산된다.

미역의 약 48%는 탄수화물로 알긴, 만니톨, 라미나린, 헤미셀룰로오스 등의 다당류여서, 인체 안에서 에너지원이나 영양소의 역할은 못하지만 식이성 섬유로서 장의 운동을

자극하여 다른 영양소의 소화 흡수를 도울 수 있다.

결과적으로 비만방지와 혈중 콜레스테롤과 혈압 강하(떨어뜨림) 등의 작용을 한다. 말린 미역의 단백질 함량은 10% 정도로 비교적 높은 편이며 다른 식물성 단백질과 달리 필수 아미노산을 골고루 함유하고 있으므로 영양가가 높다.

또한 미역에는 무기질이 어떤 식품도 따라갈 수 없을 만큼 다량 함유되어 있다. 해조류는 바닷물에 있는 무기질을 흡수하여 축적하는 특수한 성질을 가지고 있어 칼슘(Ca) 함량이 바닷물의 4,000배이며, 요오드(I)도 바닷물 속 요오드의 수천~수만 배에 이르는 양을 농축해서 가지고 있다.

채소와는 달리 해조류에는 칼슘의 흡수를 방해하는 물질이 없어서 칼슘 흡수율도 높을 것으로 추측되며, 철(Fe)의 함량도 비교적 높다. 말린 미역은 줄기가 가늘고 광택이 있으며 검푸른 색을 띠는 것이 좋다. 대부분의 해조류로 만들어진 스낵에는 요오드와 나트륨의 함량이 높은 편이어서 서양에서는 가능한 임신 중에는 신선한 해조류나 나트륨이 적은 건조 미역을 먹을 것을 권장하고 있다. 뿐만 아니라, 요오드 과다 섭취가 발생할 수 있기 때문에 해초가 들어간 건강보조제는 가능한 삼가도록 권장하고 있다.

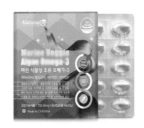

미역을 비롯한 다양한 해초들이 식감을 자극하곤 한다. 이러한 해초들을 이용한 음식은 미역국 이외에도 다양하게 즐길 수 있는데 그중 미역샐러드가 비교적 간단하게 즐길 수 있을 것 같아 간단한 레시피를 소개해본다.

간단한 레시피

☆ 미역 샐러드

재료 1
건조미역 – 한 줌
오이 1/2개 또는 사과 1/2개
무순 한 줌 또는 얇게 썬 쪽파 한 줌
파프리카(빨강, 초록, 노랑 골고루) 1/3개
양파 1/2개

재료 2(드레싱)
다진 마늘 –1/2작은술
강판에 간 신선한 생강 – 1작은술
설탕–1티스푼
간장 – 2~3 큰술, 쌀 식초 2~3큰술
참기름 2큰술
볶은 참깨 1큰술
다진 신선한 고수 –2테이블 스푼

만드는 방법

① 미역은 찬물에 15분 정도 미리 불린다.

② 양파는 채썰어 찬물에 담구어 매운맛을 제거해 준다.

③ 오이는 반달 썰기, 파프리카는 얇게 채 썰기로 준비(오이 대신 사과를 넣어 줄 경우 사과는 깍둑 썰기로 준비)

④ 다진 마늘, 간장, 생강, 설탕, 식초, 참기름을 넣고 잘 섞어 드레싱을 만들어 준다.

⑤ 준비된 재료들을 잘 섞고, 그 위에 만들어 둔 드레싱을 여러 차례 골고루 뿌려 준다.

⑥ 기호에 따라 볶은 참깨를 올려주거나 다진 신선한 고수를 뿌려주면 식감을 더해 줄 수 있다.

김

김은 12월~3월 사이에 채취하고 겨울에 제철인 식품이다.

해조류 중 단백질이 많이 들어 있는 편이며 마른 김 5매와 달걀 1개에 함유된 단백질의 양이 거의 동일한 것으로 알려져 있다.

비타민 A가 풍부하여 시력보호, 야맹증 예방에도 도움이 될 수 있다.

김에도 요오드가 풍부하게 들어있지만 김 한 장에는 10mcg 정도의 요오드가 들어있어 하루 권장량인 250mcg을 먹으려면 하루에 김을 25장 먹어야 한다. 과거의 어느 시점 이전에는 우리나라도 요오드가 부족한 지역에 속했던 것 같다. 미역국처럼 김도 출산 직후 산모에게 배려해주는 전통이 있었다.

다만, 김을 밥 반찬으로 먹을 때는 얇고 작은 김 한 장에 밥을 싸서 먹기 때문에 소금이나 기름이 들어가더라도 전체적으로 많은 양을 섭취하지는 않게 되기 때문에 다이어트를 하고 있는 중이라면 오히려 김에 밥을 싸서 먹는 편이 열량이나 나트륨 섭취를 줄일 수 있는 방법이 될 수도 있다. 그러나 간식 대용으로 먹거나 소금의 양을 줄여야 하는 식단이 필요할 때는 반찬용 김에 포함된 소금의 함량도 반드시 확인할 필요가 있다. 밥 반찬으로 먹더라도 조미김 보다는 소금을 뿌리지 않고 살짝 구운 것이 좋다. 김은 식물성 식품 중 유일하게 사이아노 코발라민(비타민 B12)이 매우 풍부한 음식이다.

'김'은 개인적인 의견이지만, 해외 여행이나 장기간 여행을 떠나는 한국인들의 짐가방에 사발면과 함께 소량씩 포장된 조미김들이 거의 대부분 들어있을 것이다. 그만큼 한국인에게 중요한 식재료라는 뜻이다.

포장된 조미김의 경우, 큰 김이 몇 장씩 들어있는 경우 작게 자르면서 안에 동봉된 실리카겔을 자르지 않도록 조심해야한다.

 실리카겔(Silica gel)을 먹었다고 외래로 전화가 오거나 다급하게 응급실을 찾는 부모들이 있다.
Q 실리카겔을 먹었을 때 응급처지에 대해 잠깐 알아보고 가기로 하자.!!

사실 실리카겔은 무독성 물질이다. 일반적으로 내용물이 습기를 머금지 않고 뽀송뽀송하게 유지하기 위해 크고 작은 포장 단위의 제조품들 안에 넣어둔다. 모양이 얼핏 보면 설탕이나 소금 같기도 하고, 사탕으로 오해를 받기도 할 만큼 하얗고 투명한 작은 알갱이들이다. 실리카겔은 화학적으로 불활성 물질이어서 우연히 삼키거나 먹는 일이 생겨도 체내에서 부서지지 않고 독성을 일으키지도 않는다. 간혹 실리카겔이 포장된 작은 흡습포를 통째로 삼키면서 목구멍에 걸려 질식을 일으킬 수도 있고 대부분 제조사에서는 '실리카겔을 먹지 마시오'라거나 '사용 후에는 버려주세요'라고 적어두기도 한다.

우연한 사고로 실리카겔을 먹어도 우리 몸에 해롭거나 병적인 증상을 유발하지는 않는다. 드물지만 제조사에서 코발트 클로라이드라는 독성 성분으로 살리카겔을 코팅하기도 하는데, 코발트 클로라이드로 코팅된 실리카겔을 먹을 경우엔 구역 또는 구토와 같은 증상을 보이기도 한다.

응급처치는?
그럼에도 불구하고 아이들이 실리카겔을 삼키는 사고가 생긴다면 물을 많이 마시도록 해서 빨리 위장으로 넘어가도록 돕는 것이 최선이다.

앞서 말한 것처럼, 우리나라 여성들은 다른 나라 여성들에 비해 요오드 섭취에 대해 비교적 영향을 덜 받는 것으로 보여지지만, 분만 후 충분히 먹고 있는 미역국을 생각하면 우리나라 임산부나 수유모들도 해초가 들어간 건강보조식품 또는 건강보조제의 사용은 주의를 하는 것이 좋겠다.

5

생선과 임신

식약처에서 발표한 '임신 여성의 생선 안전섭취 요령, (2015)"에 따르면 임산부, 가임 여성, 수유모 및 유아는 참치, 황새치 등 심해성 어류를 주 1회(100g) 이하로 섭취할 것을 권고하고 있다. 깊은 바다에 사는 심해성 대형 어류(다랑어, 황새치, 상어 등)에는 메틸수 은이 다량 검출되기 때문에, 심해성 대형 어류를 제외한 일반 어류는 일반인의 경우 특별 히 제한을 하고 있지 않지만, 임신기간에는 하루 400g이하로 섭취하도록 권장하고 있다.

각각의 어류에 대한 섭취량이 아니라 일주일간 섭취하는 일반 어류의 총량이 400g을

넘지 않도록 하여야 한다는 의미다. 다만 '참치통조림'은 심해성 대형 어류의 섭취 기준 항목에 들어 있지 않고 일반 어류 항목에 포함되어 있는데 참치 통조림은 주로 수면 위에서 활동하는, 고등어만한 크기의 가다랑어로 제조하므로 흔히 참치회로 즐기는 참다랑어와 달리 메틸수은이 적게 검출되기 때문에 고등어, 명태, 갈치 등 일반 어류와 동일한 기준을 적용할 수 있다.

생선의 섭취요령

생선 섭취는 생선 종류, 연령에 따른 권고량과 1회 제공량을 고려하여 결정한다.

종류				
성인 1회 제공량 (60g)	고등어	갈치	연어	참치통조림
	참치회	참치초밥	연어초밥	광어초밥

유아 등 10세 이하 어린이의 1회 제공량으로 성인보다 적은 1~2세는 15g, 3~6세는 30g, 7~10세는 45g을 권고합니다.

우리나라 국민 1인당 1회 제공되는 생선은 60g으로(2015년 한국인 영양소 섭취기준, 보건복지부). 손바닥 크기와 제공량을 비교하여 예를 들어보면, 고등어와 갈치는 한 토막, 참치회 5조각, 또는 연어초밥 10개를 섭취하는 분량이 된다.

다양한 생선을 함께 섭취할 때에는 1주일 동안 각 생선의 권고량 대비 생선 섭취량(%)의 합계가 100%를 초과하지 않도록 식단을 구성한다. 예를 들어, 임신·수유여성은 일반 어류와 참치통조림 200g과 다랑어, 새치류 및 상어류 50g으로 1주일 식단을 구성할 수 있다.

일반 어류와 참치통조림

200g

300g×50%

+

다랑어, 새치류 및 상어류

50g

100g×50%

임신 기간 중 생선의 적정 섭취 권고량

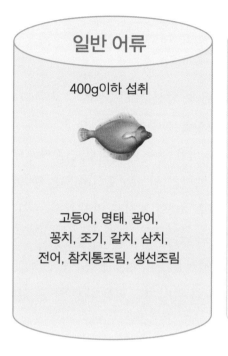

일반 어류

400g이하 섭취

고등어, 명태, 광어,
꽁치, 조기, 갈치, 삼치,
전어, 참치통조림, 생선조림

다랑어류 및 심해성 어류 등

100g이하 섭취

참다랑어, 남방참다랑어, 날개다랑어,
눈다랑어, 돛새치, 청새치, 녹새치,
백새치, 황새치, 백다랑어, 점다랑어,
몽치다래, 물치다래, 참치회, 금눈돔,
칠성상어, 얼룩상어, 악상어, 청상아리,
곱상어, 귀 상어, 은상어, 청새리상어,
흑기흉상어, 다금바리, 붉평치,
먹장어, 존베기 등

식약처, 임신 여성의 생선 안전섭취 요령.(2015)

모유에 함유된 DHA는 만삭아들의 필요량을 충족시킬 수 있지만, 미숙아들에게는 부족하다.

극소 저출생 체중아가 고용량의 DHA를 접할 수 있게 된다면, 시력과 인지기능이 발달할 수 있고, 심각한 발달지연의 발생이 감소할 수 있게 된다.

기관지폐 이형성증이나 괴사성 장염이 덜 발생하고 건초열과 같은 환경적인 알레르기 유발물질에도 덜 노출될 수 있다고 한다. 극소 저출생 체중아의 엄마가 매일 3그램의 참치 기름을 복용하게 되면 아이가 충분한 DHA를 먹을 수 있게 된다.

만삭아의 두뇌 발달과 Fish

생선은 임산부나 수유부는 물론이고 아이들에게도 매우 훌륭한 단백질과 DHA공급원이 될 수 있다.

DHA는 주로 신경 조직의 발달에 기여하게 된다. 임산부가 생선을 충분히 먹게 되면 아이들의 초기 언어 발달과 지능(IQ)에 많은 영향을 끼칠 수 있다.

만일 임산부가 일주일에 240~360g의 생선을 먹을 경우 자녀의 IQ는 9세까지 3.3 점씩 추가 상승도 가능하다. 하지만 360g을 넘는 지나친 생선은 오히려 수은 중독을 비롯한 여러가지 위험에 부딪힐 수 있다. 반면에 매주 90g의 생선도 먹지 못하는 경우 태아에게 해로운 영향을 끼칠 수도 있다.

매주 권장량의 생선을 소비하기에 매우 안전하고도 저렴한 방법으로는 참치 통조림을 예로 들 수 있다.

비타민과 미네랄 - 모유 수유

수유중인 산모가 vit A, C, D, E, Vit B-1, B-2, B-6, B-12 나 셀레니움과 같은 비타민이나 미네랄을 많이 먹을 경우 모유로 분비되는 양도 함께 증가하는 것으로 알려져 있다.

그러나 아연, 구리, 철, 크롬, 카드뮴, 칼슘과 같은 미네랄들은 엄마가 아무리 많이 먹어도 모유로 분비되는 양은 변하지 않는다. 철분이나 칼슘과 같은 경우 수유모가 아무리 충분히 복용하더라도 아기에게 모유를 통해 전달되는 철분의 양은 일정하기 때문에 엄마의 빈혈교정으로 아기의 빈혈도 교정할 수 있다고 믿어서는 안되겠다.

Q & A

Q 임신 · 수유 여성이 왜 생선 섭취를 주의해야 할까?

A 지금까지의 연구를 통해 메틸수은 함량이 높은 다랑어류, 상어류, 새치류를 너무 많이 섭취하면 뱃속 태아의 신경계와 어린이의 두뇌발달에 영향을 줄 가능성이 있다고 알려져 있다.

Q 생선에 포함되어 있는 메틸수은이 태아에게 흡수되었을 때 어떠한 영향을 줄 가능성이 있나요?

A 메틸수은 함량이 높은 생선을 적정량 보다 초과해서 섭취했을 경우에 태어난 후 소리에 대한 반응이 1/1000초 이하의 수준으로 늦어질 가능성이 있다.

Q 우리가 보통 식사를 통해서 섭취하고 있는 메틸수은은 건강에 어떠한 영향을 미치나요?

A 우리가 보통 식사를 통해서 섭취된 메틸수은은 체외로 배출됩니다.(2개월이 지나면 흡수한 양의 반이 됩니다). 그렇기 때문에 현재 우리 국민의 메틸수은 체내 축적은 건강에 유해 영향을 미치지 않는 수준입니다.

Q 자녀에게 생선을 먹이지 않는 게 더 좋은가요?

A 아니요. 생선은 양질의 단백질 급원 식품이며, 오메가-3 지방산 뿐만 아니라 비타민 D 및 요오드와 같은 비타민과 무기질이 풍부합니다. 이러한 영양소들은 어린이의 두뇌발달과 성장에 필수요소로써 자녀들에게 영양학적으로 매우 중요합니다. 그러므로 생선의 종류 및 섭취량을 고려하여 섭취하는 것이 더 유익합니다.

Q 섭취 가이드 권고는 왜 10세 이하 어린이로 한정되나요?

A 메틸수은은 뱃속 태아 및 영·유아 및 10세 이하의 어린이의 뇌신경계 발달에 영향을 미치므로 섭취량 조절이 필요하지만, 뇌신경계 발달이 완성되는 11세 이상의 어린이는 엄격히 제한할 필요가 없습니다.

Q 다랑어류, 새치류, 상어류는 왜 메틸수은 함량이 높나요?

A 작은 생선이 큰 생선에게 먹히고, 또 큰 생선은 더 큰 생선에게 먹히는 것이 자연계의 먹이사슬입니다. 이 과정에서 큰 생선은 작은 생선이 먹은 메틸수은을 흡수하게 됩니다. 이와 같은 먹이사슬 과정을 통해 크기가 크고 수명이 긴 생선은 작은 생선에 비해 많은 양의 메틸수은을 축적하게 됩니다.

Q 참치통조림(가다랑어)은 참치회보다 메틸 수은이 적게 검출되는 이유는 무엇인가요?

A 참치통조림이나 횟감용 참치는 모두 다랑어류이기는 하나, 참치통조림에 사용되는 가다랑어류는 보통 2~4년생 으로 수면위에서 활동하는 고등어만 한 크기입니다. 반면 횟감용으로 사용되는 참다랑어는 심해성 어류로 크기가 크고 오래 사는 어종이므로 메틸수은이 가다랑어 보다 높게 축적되어 있습니다.

Q 임신사실을 늦게 알게 되어 주의하지 못했습니다. 괜찮을까요?

A 태아는 태반을 통해서 메틸수은을 흡수하게 됩니다. 다만, 태반은 일반적으로 임신 4개월째에 생기고, 태반이 생기는 시기에는 그 이전에 체내에 흡수된 메틸수은 함량이 감소되어 있습니다. 그렇기 때문에 임신을 인지했을 때부터 주의하면 대응이 가능한 것으로 알려져 있습니다.

Q 참치회를 매우 좋아합니다. 계속 섭취하여도 괜찮을까요?

A 네. 이 섭취가이드는 메틸수은 노출에 민감한 임신·수유 여성과 유아 등 10세 이하 어린이를 대상으로 작성되었습니다. 우리국민의 메틸수은 노출량은 0.014 $\mu g/kg$ b.w./day이며, 위해도는 주간잠정섭취 기준(PTWI)의 4.8%로 안전한 수준으로 일반 성인은 생선을 포함한 균형 있는 식습관을 유지하는 것이 좋습니다.

* PTWI(주간잠정섭취허용량, 식품의약품안전평가원,2013) : 2.0 $\mu g/kg$ b.w./week

Q 수유 여성이 잉어 등 민물어류를 섭취하는데 제한은 없나요?

A 잉어 등 민물어류의 수은함량은 일반 어류의 함량과 같이 낮은 수준입니다. 그러므로 수유 여성이 민물어류 섭취할 때는 일반어류의 섭취방법에 따라 섭취 가능합니다. 다만, 자연산 민물어류 중에서도 크기가 크고 수명이 긴 쏘가리, 끄리 등 생태계 상위층에 속하는 민물어류의 섭취는 주의가 필요합니다.

Q 체중에 따라서 섭취량을 변경시켜야 하나요?

A 네. 이 섭취가이드는 우리나라 국민의 평균체중을 고려하여 작성되었습니다. 평균체중 이상이라면 권장 섭취량 보다 더 섭취해도 됩니다.

* 평균체중 : 1-2세 12.5kg, 3-6세 19.5kg, 7-10세 32.6kg, 성인 63.5kg

Q 체내 수은 배출에 도움이 되는 음식은 뭐가 있나요?

A 체내에 축적된 수은을 배출하는데 도움을 줄 수 있는 대표적인 식품으로 마늘, 양파, 파, 미역 등이 있습니다. 이들 식품은 황을 함유하고 있어 메틸수은과 선택적으로 결합하여 변으로 배설 될 수 있도록 도움을 줍니다.

6
산후 조리를 위해 추천하는
다른 나라(아시아)의 음식

분만이란 자연분만이든 제왕절개술이든 내 몸과 함께 하던 생명체를 세상 밖으로 내보내기 위해 엄마가 할 수 있는 최대한의 육체적인 고통과 희생을 필요로 한다.

우리나라에서 미역국을 많이 먹게 하는 풍습이 있는 것처럼, 해외에서도 심신이 지친 산모들의 영양과 혈액 순환을 도와줄 수 있는 여러가지 음식의 레시피들을 소개하고 있다.

중국, 대만, 베트남 지역의 여성들은 2,600년 전부터 zuo yuezi(坐月子‘즈오월자’)라는

전통 관습을 지킨다고 한다. "감금"이라는 뜻을 지니고도 있는 zuo yuezi는 여성이 아기를 낳은 후 첫 달에 무엇을 해야 하고 무엇을 하지 말아야 하는지에 대하여 정해진 오래된 정통이라고 한다. 여기에는 "올바른 요리"라고 해서 차, 스튜 및 기타 음식으로 구성된 요리들도 포함된다.

Zuo yuezi는 어머니의 치유와 회복을 돕고 건강과 아름다움을 위한 평생의 기반을 마련한다는 의미를 품고 있다고 한다. 여기에는 밀폐 음식 주로 "따뜻한 음식"들이 포함되며, 혈액 보충 및 영양 공급과 더불어 몸을 따뜻하게 해주는 음식들이 포함된다. 예를 들면, 생강, 당귀, 팥, 참기름과 같은 식품은 몸을 따뜻하게 해주는 역할을 하고, 돼지 발, 땅콩, 파파야 등은 젖이 많이 나오도록 돕는 역할을 한다고 여겨진다. 과라나, 리치와 같은 무환자나무과 과일에 속하는 '용안'은 수면을 촉진하고, 붉은 대추 야자는 혈액에 영양 공급을, 구기자는 기를 강화하고 혈액을 튼튼하게 하는 역할이 있다고 한다.

PART 3

이유식

이유식

Q&A 미음, 죽, 퓌레

이유식의 진행

이유식을 계획하면서 갖추어야 할 준비물

이유식

이유식의 의미

젖만 먹던 아이가 점점 성장하면서 젖만으로는 성장하는데 필요한 모든 영양을 다 채울 수 없게 될 무렵 아이를 제외한 가족들이 평소 먹는 외부 식재료들로부터 부족한 영양을 섭취할 수 있도록 하는 과정을 '이유'의 과정이라고 한다. 계속해서 모유만 먹인다면 식재료의 상태나 식재료에 따른 크고 작은 문제들(예, 감염이나 알레르기 등)을 피할 수도 있겠지만, 반면에 장기간 모유수유만 계속할 경우 설사나 생리적인 영양결핍이 생길 수 있다. 생후 6개월이 지나면 모유만으로는 아이에게 필요한 영양소, 즉 철분, 아연(미네랄), 비타민 그리고 필

수지방산 및 기타 필요한 불포화지방산 등 이 나이 아이들의 성장에 꼭 필요한 필수 영양소들과 열량을 적절하게 만족시켜주지 못하게 되며, 혼합수유를 하거나 분유만 먹이는 아이들에게도 수유만으로는 부족한 영양을 주변에서 공급받아야 한다.

'이유의 과정'을 통해 새로운 형태와 질감을 갖고 있는 식재료를 통해 점차 고형식으로 옮겨가면서 아이들의 성장과 더불어 조금씩 그들이 속한 사회의 구성원으로서 키워져 가는 과정의 첫걸음이 되기도 한다. 처음에는 컵이나 숟가락으로 부모가 먹여주어야 하지만, 점차 스스로 숟가락을 이용할 수 있게 되고, 하나둘씩 잇몸을 뚫고 올라오는 이

빨을 사용하여 단단한 음식도 스스로 씹어서 으깨고 소화되기 쉬운 형태로 변형하여 삼키는 과정으로 옮겨가면서 스스로 앉고, 서고, 걷기와 함께 본격적인 인격체로 성장해가기 위한 첫 단계라고도 할 수 있다.

이유식에 관한 정의를 좀 더 학구적인 표현으로 소개를 해보자면 아래에 열거된 내용들이 있다.

첫째, 젖 떼기(weaning)

특정 시기에 곧 바로 젖을 뗀다는 것을 의미하는 것은 아니지만 서서히 젖 떼기를 준비해야 하는 시기를 말한다.

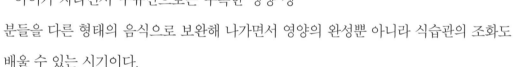

둘째, 상호보완(complementary) 식사

아이가 자라면서 수유만으로는 부족한 영양 성분들을 다른 형태의 음식으로 보완해 나가면서 영양의 완성뿐 아니라 식습관의 조화도 배울 수 있는 시기이다.

셋째, 이행(transition)기식

출생 직후부터 모유나 분유를 먹고 자라는 동안은 대부분의 수유를 주로 책임지는 엄마와의 애착 관계를 만들고 또 단단하게 하는 시기라고 할 수 있지만, 아이가 자라면서 식사 형태가 변하고 식습관이 새롭게 형성되는 과정을 거치면서 점차 다른 가족들과 함께 같은 공간, 같은 시간에 식사를 하게 되면서 양방향의 단일한 애착 관계가 전부였던 아기에게 가족의 구성원들이 채워지고, 식사 예절을 배우면서 처음으로 사회화 과정에 들어서게 된다.

넷째, 고형식(solid food)을 먹기 시작하는 시기

액상의 모유나 분유만 먹던 아기가 점차 씹어서 삼켜야 하는 음식을 먹기 위해 반고형식(예, 죽)을 거쳐 고형식으로 옮겨 가는 시기다. 액상의 형태만을 소화시킬 수 있었던 아가들이 고형식 형태의 식사도 충분히 소화 흡수할 수 있는 위장관의 기능적, 형태적 성장과 발달이 이루어지는 시기이다.

이유식을 언제 시작하나요?

이유식의 시작 시기에 대하여는 최근 몇 년 동안 여러 차례 변화가 있었다.

2012년 유럽(영국, 핀란드, 독일, 헝가리, 스페인)의 5개국을 대상으로 이유식을 시작하는 시점을 정하는데 영향을 미치는 요소들에 대해 조사한 적이 있다.

참 흥미로웠던 점은 이유식을 시작하는 데에는 17가지나 되는 요인들이 엄마들의 결정에 영향을 미쳤는데 당시 연구에 참여했던 2071명의 초산모들의 약 78%는 이유식을 약 8개월에 시작한다고 대답했는데, 나라마다 혹은 대상자의 환경에 따라 서로 다른 요인들에 의해 영향을 받았지만, 그럼에도 불구하고 가장 많은 영향을 주는 것은 책이나 배우자, 조산사들이었는데, 엄마들의 수입이 높을수록, 고등학교 교육 이상을 받은 엄마들일수록 책이나 인터넷에 올라오는 글자 정보에 영향을 많이 받는다는 것이다. 더구나 책이나 인터넷에 올라온 글이나 저널 등을 참고해 이유식을 시작하게 되는 엄마들일수록 더 오랫동안 모유를 먹이기도 하고 이유식은 상대적으로 다소 늦게 시작하는 경향이 더 많다는 사실도 확인되었다. 그 외에도 문화적 배경, 사회 경제적인 배경에 따라 아이들의 수유나 이유식의 시작 시기나 진행 방식에 많은 차이가 있는 것이 관찰되었다.

20세기에 들어서면서 다양한 분야의 연구활동이 활발하게 이루어지고 특히 알레르기 질환에 대한 연구가 상당한 진척을 이루게 되었다. 그 결과 그 전에는 이유식을 너무 일찍 시작하면 알레르기 발생률이 높아진다는 공공연히 합의된 내용들과는 함께, 6개월이 지나도록 기다렸다가 천천히 이유식을 진행하는 편이 낫다는 이론들이 우세했다.

최근에 또 다른 연구자들은 키, 체중, 철분의 저장량에 따라 이유식을 일찍(4개월) 시작하는 경우와 늦게(6개월) 시작하는 경우를 비교해 보니, 이유식을 시작하는 적절한 시기는 생리적으로 철분 저장량이 가장 낮아지는 시기, 즉 생리적인 빈혈이 올 무렵으로 정하는 것이 좋겠다는 주장도 있다. 이유식은 6개월에 시작한다는 식으로 정확한 시기를 정해두기보다는 아이에게 가장 적절한 시기를 유연하게 정할 수 있도록 '4~6개월 사이' 정도로 기간의 폭을 다소 여유 있게 정하고, 부모와 의사가 잘 상의해서 결정하면 좋을 것 같다.

여러 의견들을 요약해 보면, WHO를 중심으로 한국을 비롯한 아시아 일부, 미국 등에서는 아무리 빨리 시작하더라도 4개월 이전에는 시작하지 않도록 할 것을 권하고 있고, 보통 4~6개월 사이가 이유식을 시작하기에 적당하다는 의견들이 주를 이룬다면, 유럽에서는 생후 17주~26주에 첫 이유식을 시작하는 것이 좋겠다는 의견이 대세인 것 같다. 또한 여러 번 반복되는 말이지만, 가장 좋은 시기는 우리 아이들 각자의 상황에 맞게 결정해야 한다는 점이다.

미국소아과학회 이유식 가이드라인

1. 출생시부터 6개월까지 절대적으로 모유만 수유하는 기간으로 하되 180일이 되면 이유식을 시작하기로 한다.

2. 적어도 두 돌까지(두 돌 이후라도 아이가 원한다면 원할 때까지) 모유 수유는 계속되어야 한다.

3. 아이의 사회적인 사회성 발달을 고려하여 Responsive feeding(잘 대응하는 식사)을 실천한다.

4. 위생적인 습관을 들이도록 한다.

5. 처음 이유식을 시작할 때는 소량만 먹이지만 점차 먹는 양도 늘려준다. 이유식을 하는 동안 수유도 병행할 수 있다.

6. 아이가 성장함에 따라 이유식의 굳기를 높일 수 있으며 필요로 하는 다양한 식품을 섭취할 수 있도록 한다.

7. 나이가 들어가면 이유식을 먹는 빈도가 는다.

8. 필요한 모든 영양 성분을 골고루 섭취할 수 있도록 영양이 풍부한 다양한 식품을 섭취할 수 있도록 한다.

9. 아이가 특별히 필요로 하는 비타민 또는 미네랄 강화 식품을 선택하도록 한다.

10. 아이가 아플 때는 아이가 좋아하는 부드러운 음식이나 수분 섭취를 많이 할 수 있도록 하며, 회복된 후에는 평소보다 자주 이유식을 먹을 수 있도록 도와준다.

영유아의 발달과 이유식

아이가 태어난 순간부터 어느 정도 성장이 완성될 때까지는 아이들은 개인간의 차이가 있지만 계속해서 성장하고 발달한다. 4~6개월 정도면 아이가 스스로 머리를 가눌 수 있고, 곁에서 붙잡아주거나 별도로 돕지 않아도 아기 의자에 혼자 잘 앉아있을 수 있게 된다.

이 정도의 발달 과정을 보여주는 아가들의 엄마들은 이유식을 위한 준비를 하기 시작하게 되고, 예방접종 등으로 병원을 방문할 경우 언제 이유식을 시작하면 좋은지에 대해 질문하기 시작한다.

이유식을 시작할 수 있는 보편적인 조건

첫째. 아기 의자에 혼자 잘 앉아 있거나 혼자 앉아서도 머리를 잘 가눌 수 있어야 한다.

둘째. 가족들이 식사하는 모습을 뚫어지도록 바라보거나 호기심을 보인다.

셋째. 앞에 음식이 지나가면 뚫어지도록 바라보거나 잡으려고 손을 뻗으며 먹으려는 욕구를 강하게 보인다.

넷째. 입에 음식이 닿으면 반사적으로 입 밖으로 밀어내는 행동이 없어진다. 스푼으로 음식을 주는데 밀어내거나 입 밖으로 질질 흘린다면 아직 이유식을 시작할 준비가 되지 못했다고 판단할 수 있다.

다섯째. 아이가 충분히 자라면 이유식을 시작할 수 있다. 보통 생후 4개월이면 출생 시 체중의 두배가 된다(신생아의 평균 체중이 약 3.3~3.4kg이라면 4개월에는 약 6.5~7.0kg이 된다). 유럽에서는 아이의 체중이 13 파운드(5.8kg) 이상이 되어야 이유식을 시작할 수 있다.

그러나 이 모든 조건들이 모두에게 똑같이 적용될 수는 없다. 여러가지 출생 전 후의 문제들과 성장 과정, 성장 환경들이 개개인의 발달 정도에 영향을 미치기도 한다.

6개월이 지났어도 고개를 제대로 가누지 못하는 경우도 있고, 또 그 중에는 신경학적인 문제를 지니고 있어 그에 맞는 적절한 해결책을 찾아야 하는 경우도 있다. 이제 막 4개월이 되었지만 유아 의자에 앉혀 두면 안정적으로 몸을 가눌 뿐만 아니라 팔을 뻗고 손으로 음식을 직접 집어먹기도 하면서 자연스럽게 가족들과 식사에 동참하려는 아가들도 있다.

모유 수유만 하다 6개월이 지나서 이유식을 시도해 보지만 매번 숟가락을 혀로 밀어 내는 아이도 있다. 여러 가지 경우가 있기 때문에 위에 제시한 몇몇의 사례들은 참고 사

항일 뿐, 모두에게 고르게 적용되는 것은 아니라는 점도 기억해야겠다. 아래의 표에서도 알 수 있듯이 아이들이 월령에 따라 성장하는 모습을 관찰하면 우리 아이의 이유식을 시작해야 하는 올바른 시기를 정하는데 많은 도움이 될 것 같다.

보통 4~6개월의 발달 상황을 보면 이 시기가 보편적으로 이유식을 시작하기에 적당한 시기라는 것은 쉽게 알 수 있지만, 아이들마다 성장 패턴과 성장 속도가 다르고, 지역적, 민족적, 문화적, 사회 경제적인 차이와 더불어 음식에 대한 개인의 성향마저 다르기 때문에 내 아이의 성장 속도에 맞추어 진행한다면 무리 없이 이유식을 진행하는데 성공할 것이다.

한국과 미국, WHO에서 권장하는 이유식 가이드라인들은 서로 유사한 부분이 많다.

최신판 한국 소아청소년과 교과서에 수록된 이유기 보충식의 실례에 관한 표를 소개해본다.

＊ 참고 (홍창의 소아과학12판P72)

식사 종류		월 령		
		4~6개월	7~9 개월	10~12개월
모유 또는 분유(day)	횟수	4회	3회	2회
이유식		1회	2회	3회
모유 또는 분유(day)	시간	6시, 14시, 18시, 22시	6시, 14시, 22시	11시, 16시
이유기(day)		10시	10시, 18시	8시, 13시, 18 시
곡류 채소류 달걀 생선, 고기류 과일류	종류	미음 거른 것 완숙 노른자 1/4개 생선가루 과즙	죽 으깬 것 완숙 2/3개 으깬 것 긁은 것	죽(밥) 잘게 자른 것 완숙 1개 잘게 다진 것 잘게 다진 것

위에서 소개한 것처럼, 한국과 미국은 거의 WHO가이드라인과 유사하지만, 나름대로 독자적인 스케줄을 정해두고 수유모들에게 안내를 하고 있다.

그런데, 유럽의 국가들은 이유식을 진행하는 방식, 이유식에 대한 대중의 사고나 개념, 이유식의 목표 등을 볼 때, WHO를 비롯한 미국과 한국과는 다른 문화적 가치 기준을 갖고 있다. 한국은 주로 신생아를 최우선에 두는 사고방식이 이유기 근간을 이룬다면 유럽의 국가들은 각자 지역적인 차이, 풍습, 문화적인 차이가 있을지언정, 산모와 신생아를 모두 중요하게 생각하여, 아이의 영양보다는 산모가 지치지 않고 육아를 즐길 수 있는 분위기를 만들고, 아가의 경우도 어떤 음식이든 가리지 않고 잘 먹으면서 성장에 필요한 영양을 섭취할 수 있도록 돕는 것을 목표로 한다.

영유아의 발달과정과 이유과정과의 관계

나이	구강패턴	신체발달	먹는 기술 – 능력
출생~처음 5개월	• 빨고 삼키기가 가능하다. • 혀를 밀어낼 수 있다. • 반사적으로 먹을 것을 찾아 입이 움직인다. • 구역 반사	• 머리나 목을 가누지 못한다 • 3개월쯤 되면 손을 입으로 가져갈 수 있다.	• 액체성 물질을 삼킬 수 있지만 고형식을 주면 입에서 밀어낸다.
4개월~6개월	• 숟가락을 입에서 떼면 위입술이나 아랫입술을 끌어당길 수 있다. • 위, 아래로 씹는 동작이 가능해진다. • 삼키기 위해 혀의 앞에서 뒤로 음식을 옮길 수 있다. • 혀를 내밀거나 먹을 것을 쫓아 혀가 움직이는 rooting reflex가 사라진다. • 구역 반사가 줄어든다. • 숟가락이 다가오면 입을 벌린다.	• 몸을 받쳐주면 앉아 있을 수 있다. • 머리를 가눌 수 있다. • 손바닥으로 물건을 잡을 수 있다.	• 퓌레로 만든 음식이나 걸러낸 음식 한 숟가락을 질식하지 않고 삼킬 수 있다. • 다른 사람이 들고 있는 컵에 들어 있는 음료를 흘리면서 소량 마실 수 있다.
5개월~9개월	• 입안에서 음식의 위치를 조정 할 수 있다. • 위, 아래로 잘 씹을 수 있다. 음식을 씹을 수 있도록 턱 사이로 이동시킬 수 있다.	• 도움없이 혼자 앉을 수 있다. • 눈으로 음식을 쫓을 수 있다. • 엄지와 검지 손가락으로 물건을 집을 수 있다.	• 으깬 은식을 먹기 시작한다. • 스푼으로 음식을 잘 먹는다. • 손으로 음식을 혼자 먹을 수 있다.
8개월~11개월	• 입안에서 음식을 옆으로 옮길 수 있다. • 입안에서 회전하는 패턴으로 음식을 씹을 수 있게 된다.	• 혼자 쉽게 앉는다 • 손에서 입으로 물건을 옮 길 수 있다.	• 갈거나 잘게 썬 음식과 작은 덩어리의 부드러운 음식을 먹기 시작합니다. • 숟가락으로 먹을 수 있지만 혼자 먹을 수 없다.

이유식과 음식 알레르기

식품알레르기에 대하여

최근 30여년간 식품 알레르기는 세계적으로 점점 증가하는 추세이다. 당연히 우리 나라의 경우에도 점점 도시들이 늘어나고, 엄청난 산업의 발달과 환경의 변화들이 진행되면서 알레르기 환자들이 점점 늘어가고 있다.

흔히들 알레르기라는 진단을 받고 나면, 마치 성인이 당뇨병을 진단받는 것과 유사한 두려움을 느끼게 된다. 흔한 증상들로는 발적, 혈관부종, 두드러기 등의 피부 증상이나 콧물, 후두부종, 호흡곤란 등이 있고, 입안이 가렵고 복통, 구토, 설사 등의 위장관 증상을 호소하기도 한다.

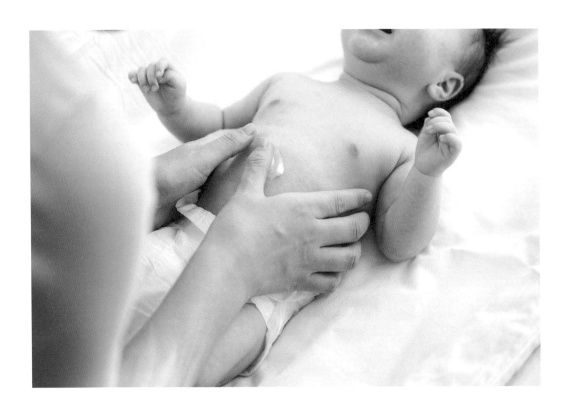

식품알레르기 증상을 일으키는 반응으로는 저혈압, 부정맥, 실신 등의 심혈관 증상으로 섭취 후 수분에서 수시간 내 나타나는 ① 즉시형(IG 매개형)반응과 수일~수주가 지나는 동안 서서히 나타나는 ② 지연형(세포 매개 반응) 반응과 아토피피부염, 천식, 알레르기성 식도염, 위장관염, 직장염 등과 같은 ③ 혼합형 반응이 있다.

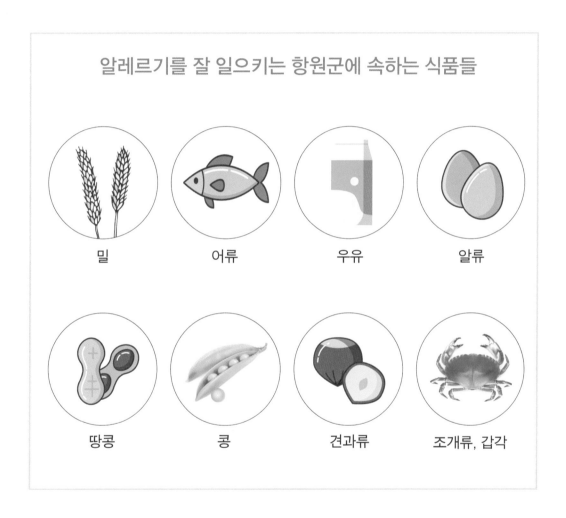

알레르기를 잘 일으키는 항원군에 속하는 식품들

밀　　어류　　우유　　알류

땅콩　　콩　　견과류　　조개류, 갑각

식품알레르기의 원인

소아의 식품 알레르기 원인으로는 우유, 계란, 밀가루, 콩, 땅콩, 견과류, 생선, 갑각류 등이 90%를 차지하고 있다. 특히 신생아~영유아 연령의 아이들에게는 우유 알레르기가 가장 흔한 편이다.

미국 소아의 경우 식품 알레르기는 우유 알레르기가 2.5%, 계란 알레르기가 2%, 땅콩 알레르기가 2~3%의 빈도라고 알려져 있다. 우리나라도 미국의 소아들과 상황이 비슷해 식품 알레르기의 원인은 비슷하지만, 호두가 땅콩보다 알레르기의 발생 빈도가 더 높다.

＊ 참고; 대전광역시 아토피 천식 교육정보센터: 전문가 칼럼 식품 알레르기 편 ~2020년 4, 5호

우유와 계란 알레르기는 학동기가 되면 절반이상 자연적으로 없어지는 반면에, 땅콩

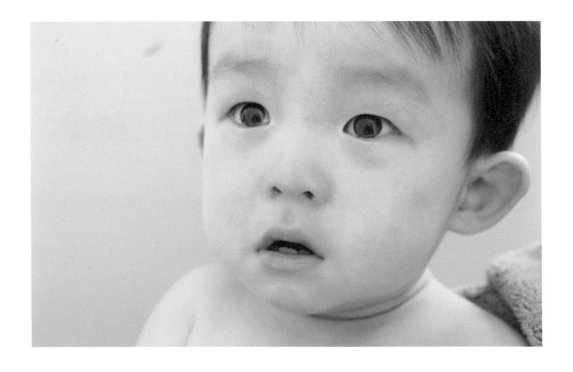

이나 견과류, 해산물로 인한 알레르기는 80~90%에서 평생 지속된다고 알려져 있다.

치료를 위해서는 원인 식품의 제거가 중요하지만, 지나치게 되면 오히려 영양결핍과 같은 심각한 문제가 따라올 수도 있고, 또 열심히 피하려 해도 우연히 노출되는 경우 아나필락시스와 같은 생명이 위태로울 수도 있는 심각한 문제에 부딪힐 수도 있다.

＊ 참고; 대전광역시 아토피 천식 교육정보센터: 전문가 칼럼 식품 알레르기 편~2020년 4, 5호

식품 알레르기의 가장 큰 위험 인자

식품 알레르기와 유사하게 아토피 피부염 또한 점차 증가하고 있고 소아의 약 20%정도는 아토피 피부염을 앓고 있다. 그중 절반은 생후 1년 내 증상을 보이고 소아 아토피 피부염 환자들의 20~30%는 식품 알레르기를 동반하기도 한다.

＊ 참고; 안영민, 식품 알레르기, 모유수유와 이유식

식품 항원을 먹을 경우 면역관용(면역 관용은 '우리 편을 정확히 인식해서 면역계가 공격하지 않도록 하는 것', 나무위키)에 의해 증상을 일으키지 않는데 반해, 피부를 통해 알레르기 항원이 노출될 경우 '감작'(내 몸의 면역세포가 알레르겐을 기억하고, "내 것이 아닌 것"으로 인식하는 것을 감작(sensitization)이라고 한다)을 통해 알레르기 증상을 일으키게 된다(Dual-allergen exposure hypothesis).

손상된 피부를 통해 항원 감작이 증가되므로 아토피피부염이 식품 알레르기의 가장 큰 위험인자로 알려지게 되었다. 심한 아토피피부염의 20~30%에서 식품으로 인한 아나필락시스가 발생하나는 것이 밝혀졌다.

어떤 연구가들은 자연 분만으로 출생한 아이들보다 제왕절개술로 출생한 아이들이 여러 질병들 외에도, 식품 알레르기에 더 쉽게 노출될 수 있으며 이를 증명하기 위한 연구들이 현재 진행중이라고 한다.

모유수유와 식품알레르기의 치료

세계보건기구(WHO) 지침을 비롯한 여러 지침들은 감염의 예방, 애착 및 신체 정신 발달 등을 이유로 생후 첫 4~6개월인 모든 아가들은 완전 모유수유를 하도록 권장하고 있고, 특히 알레르레기 고위험군의 알레르기 질환의 예방을 위해서도 일차적으로 완전 모유수유를 권하고 있다.

임신과 수유 중 식품 알레르기를 예방하기 위한 권고 사항은 그동안 많은 변화가 있었는데, 2000년도에는 미국소아과학회에서 아토피피부염이나 알레르기 질환의 가족력이 있는 경우엔 식품 알레르기를 예방하기위해 생후 최소 6개월 이상 모유만 수유하고, 특히 우유, 계란, 땅콩과 같은 알레르기의 주요 원인이 되는 식품인 우유는 1세, 계란은 2세, 견과류는 3세 이후로 늦게 이유식으로 줄 것을 권장했었다.

물론 우리나라에서도 같은 지침을 권장했다(홍창의 소아과학 교과서 2003년 9판). 그러나 이후 많은 연구 결과들이 발표되면서 새로운 치침들이 세워졌는데, 임신·수유 중인 엄마는 가능한 제한하지 않고 식사할 수 있도록 하고, 알레르기 고위험군이라도 이유식을 4~6개월 이상 뒤로 미루지 않고, 게다가 흔한 식품 알레르기의 원인으로 알려진 식품들도 제한하지 않고 먹이라고 한다. 특정 식품의 항원을 피하거나 이유식을 늦게 시작하는 것보다 오히려 좀 빨리 이유식을 시작하는 것이 알레르기 질환을 예방하는데 도움이

된다는 연구들이 쏟아져 나오기 시작했다.

　모유 내에는 개인차가 많지만 25~50% 정도에서 아주 소량의 식품항원이 검출되고 있고, 아주 드물지만 이들이 아토피피부염, 구토, 혈변, 호산구성위장관염의 원인이 되기도 하는 것으로 알려져 있다. 그러나, 수유 중인 산모의 식품 섭취를 제한할 경우 엄마는 물론 아기의 영양 결핍까지 문제가 될 뿐 아니라, 면역관용이 지연될 수도 있어 특별한 경우를 제외하고 수유모에게 식품 제한은 하지 않도록 하고 있다. 또한 최소 생후 6개월까지는 완전 모유만 수유할 것을 권하고 있다.

그림. 식품 알레르기 예방을 위한 모유수유와 이유식

(출처:Krawiec M & Lack G, Overwiew of oral tolerance Induction for prevention of food allergy- where we are now? Allergy 2021 doi;1111/ALL.14758)

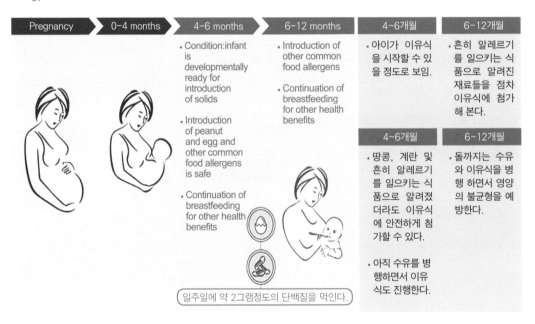

처음 먹이는 이유식

이유식을 시작하게 되는 시기가 건강한 영유아들에게 생리적인 빈혈이 생기게 되는 시기여서 무엇보다 철분이 풍부한 식품을 선택하는 것이 중요하다.

우리나라는 이유식을 처음 시작할 때 '쌀 미음'을 먹이고 있고, 미국에서도 많은 사람들이 처음 선택하는 이유식으로 '쌀로 만든 시리얼'을 자주 이용한다. 우리나라 사람들에게는 쌀이 주식이기도 하지만, 글루텐 성분이 적어 알레르기 반응을 잘 일으키지 않고, 소화가 잘 되는 친숙한 재료이다. 물론 쌀에도 알레르기 반응을 일으키는 아기도 있기 때문에 처음 이유식을 시작할 때는 조금씩 먼저 시식을 해 보고 잠시 짬을 내어 별다른 알레르기 반응이 나타나지 않는지 관찰한 후에 양과 빈도를 조금씩 늘려가며 먹이는

쌀가루, 라이스 씨리얼(철분 강화)　　　쌀, 단호박, 브로콜리, 당근 등(단일 곡물)

방법이 좋다. 또한, 처음 이유식은 농도를 물과 쌀 10:1로 즉 10배 죽을 만들어 먹인다. 밥을 사용하기도 하는데 밥을 사용할 때는 물과 밥의 비율이 5:1로 맞추어지도록 한다. 간혹 쌀 미음 단계부터 이유식을 몹시 거부하는 아이들이 있기도 해서, 물 대신 아이에게 익숙한 모유나 분유를 넣어 밥이나 쌀과 섞어 먹이기도 한다. 게다가 생쌀을 이용하려면, 먼저 쌀을 갈아서 미음이나 죽을 만들기 편한 형태로 만들어야 한다. 저자는 당시 도깨비○○○이 있어서 쌀을 갈아 가루로 만드는데 큰 어려움은 없었지만, 요즘은 마트에서 소량씩 포장된 쌀가루를 손쉽게 구입하여 사용할 수 있다.

　개인적으로는 이유식을 시작하는 연령의 생리적인 철분 결핍을 고려하여 미국이나 서양의 엄마들처럼, 철분이 강화된 쌀로 된 시리얼을 권하고 싶다.

오해하기 쉬운 이유식에 관한 중요한 상식들

첫째, 우선 적절한 연령이 되면 가능한 젖병보다는 컵 사용을 권한다.

둘째, 아가들에게 한꺼번에 여러 종류의 음식을 소개하기보다는 한 번에 한 종류씩 주는 것을 원칙으로 하도록 권한다.

셋째, 육류(소고기나 돼지고기 등)나 철분 강화 시리얼 등을 이 시기에 제공해야 생리적으로 부족할 수 있는 철분을 보충하는 데 도움을 줄 수 있다.

넷째, 아연의 섭취에 도움을 줄 수 있는 육류나 낙농 제품, 밀, 쌀과 같은 식품들을 이유식 재료로 활용하는데 염두에 두는 것이 좋겠다.

다섯째, 과도한 섬유질 섭취는 피해야한다. 섬유질을 너무 많이 섭취하게 되면 오히려 미네랄 성분의 흡수에 방해를 받을 수 있으며, 심한 경우 변비가 생길 수 있다.

여섯째, 모유는 24개월까지 계속 먹일 수 있으며, 돌(12개월) 이후엔 분유 또는 생우유로 대신할 수 있다.(생우유는 하루 720cc(no more than 24 oz/day)가 넘지 않도록 주어야한다).

일곱째, 모유나 분유, 물을 제외한 다른 형태의 수분 섭취는 가능한 제한하도록 한다.

여덟째, 주스는 하루 120~240cc(4~6 oz/day) 정도 섭취하는 것이 적당하며 탄산수는 허용하지 않아야 한다.(no soda)

시판 음료를 기준으로 본 용량 비교

| 60ml | 80ml | 150ml | 200ml |

쌀죽을 잘 먹고 나면 야채나 과일을 먹이면 될까요?

쌀 미음을 잘 먹게 되면 쌀죽까지 수일에 걸쳐 먹이기 시작한다. 쌀죽을 잘 먹게 되면, "그다음엔 무엇을 먹이면 좋아요?"라는 질문이 많이 들어온다.

그런데, 무엇보다 이유식을 하기 시작하게 된 계기는 철분 보충이 우선순위였던 것을 기억해야한다. 처음 시작하는 이유식은 촘촘히 갈아 놓은 재료들을 사용해 묽은 죽처럼 만들어주는데 소고기, 돼지고기, 생선, 두부 및 콩류 등을 퓌레로 만들어 먹이게 된다. 소고기는 철분이 풍부하기도 하지만, 체내에서 철분의 흡수율이 높아 이유식의 초기 단계에 쌀가루 다음으로 추천되는 좋은 식재료이다. 흔히들 생각에는 쌀죽을 먹고 나면 좀 더 식감이 부드러운 과일이나 채소를 먹이는 것이 당연하다고들 생각하게 된다. 그러나, 앞에서 언급한 여러 가지 상황들을 고려해 의사들은 쌀죽 이후 소고기를 첨가하고 이후 채소, 과일의 순으로 아이에게 먹이되, 소고기를 첨가하고 나서는 줄곧, 소고기는 거의 매일 일정량 아기 이유식에 포함되도록 추천한다.

먹이는 양도 처음에는 하루 한 번 2~3순가락 정도의 분량으로 시작하고 아이가 잘 받아먹게 되면 양도 늘리고 조금씩 이유식의 수분을 줄여가면서 점차 고형식으로 옮겨가도록 한다.

아이들의 소화기관은 나이가 들어가면서
어떤 변화를 겪고 있을까?

　태어난 직후의 아기의 위는 고작 30ml 정도로 작다. 더구나 수유를 시작하는 출생 첫 날 신생아의 위는 약 5~7ml(1/2 tablespoon) 정도의 젖을 먹을 수 있다. 초유의 양이 매우 적은 것을 고려하면 참으로 놀라운 자연의 섭리인 것 같다. 생후 3일경에는 월넛 크기라 고 표현되기도 하고 0.5~1온스(15~30ml) 정도의 수유가 가능해진다. 이 즈음이면 모유 수유를 하고 있는 수유모의 젖이 울혈이 되기 시작하면서 분비되어 나오는 모유도 점차 하얀 액상의 형태를 띠기 시작한다(Transitional milk, 이행성 모유). 생후 7일이 되면 위장 의 크기도 점점 늘어나기 시작하고 약 45~60ml의 수유가 가능해진다.

더구나 이 시기에는 음식을 소화시키기 위해 필요한 소화 효소의 분비도 충분하지 못하기 때문에 '모유'가 무엇보다 유용한 식품이 되며, 처음 몇 주 동안은 모유에 풍부한 지방 성분이 초기 급성장에 필요한 열량을 공급하는 중요한 역할을 한다. 더욱이 항감염 성분과 장점막의 유효균 성장을 자극하고 도와주는 성분들이 모유 수유를 통해 면역력이 약한 아가들에게 전달이 되는데 이런 장점들이 일반적으로 생후 6개월 정도까지 계속된다.

처음 모유수유를 경험하는 엄마들은 이 정도로는 아기에게 젖이 모자라지 않을까 걱정하기도 하지만, 이는 지극히 정상이라는 사실을 잊지 말기를!!! 수유만 해오던 아가들에게 이유식의 진행이 바람직하게 이루어지려면 먹는 음식의 양, 단단한 정도, 먹이는 빈도, 에너지 밀도 및 영양성분들과 함께 올바른 "식사 행동" 및 "식사 매너"를 익히도록 지도하는 것도 매우 중요하다.

위의 모든 사항들이 다 중요하지만 무엇보다 간과해서는 안되는 것은 처음 시작하는 이유식, 이유식을 진행하는 방식과 올바른 식사 예절에 대한 지침 등은 만국 공통이 아니며, 각 나라나 지역, 혹은 가정내 대대로 내려오는 관습이나 방식에 따른 진행의 차이도 인정할 필요가 있으며, 정답을 찾기보다는 적절한 답을 찾는 것이 중요하다는 사실을 잊지 말아야 하겠다.

초유와 신생아기 소화기관 (위)의 크기의 변화

    모유가 나오기 전 생후 처음 며칠 동안(일반적으로 출산 후 3-8일 범위의 어느 곳에서나) 초유가 나온다. 초유는 임산부의 마지막 한달동안 만들어지게 되며 경우에 따라서는 분만 전에도 젖을 짜보면 초유가 나오기도 한다.

    모유는 신생아의 작은 배를 채우는 데 필요한 모든 영양분을 제공하게 되며, 임산부는 분만 전 마지막 달부터 초유를 생산하기 시작하기 때문에 일부 산모들은 분만 전에도 우연히 손으로 유방 유축을 해보다 초유가 분비되기도 한다. 발 빠른 산모들은 아가들이 태어나면 바로 초유를 먹이기 위해 미리 유를 유축해 두기도 한다. 사실 이 시기에 분비되는 초유의 양은 아주 적긴 하지만, 생후 첫 며칠 동안 신생아에게 필요한 것은 몇

밀리리터면 충분하다.

이 때부터 아기는 수유 횟수가 늘어나면 점차 분비되는 젖량과 아가가 먹는 젖 양이 안정적으로 유지되기 시작하면서 신생아의 급성장기에 들어서게 된다. 출산 후 1주일이 될 때까지도 모유가 잘 나오지 않는다면 모유 수유 전문가를 찾아가야 한다. 게다가 드물지 않게 전적으로 유축한 젖을 먹여야 하는 경우도 있는데 이런 경우, 아이가 먹는 젖 양과 빈도를 기억하면서 그대로 유축하도록 하는 것이 매우 중요하다. 아이의 요구량만큼 유축을 자주하지 않을 경우 점차 모유의 분비량이 줄어들게 되고, 아이가 필요로 하는 만큼 충분한 양의 젖을 유축하지 못할 경우엔 결국 부족한 만큼 분유로 보충을 하기 시작하면서 끝내는 분유가 모유를 대체하는 상황이 발생할 수 있다.

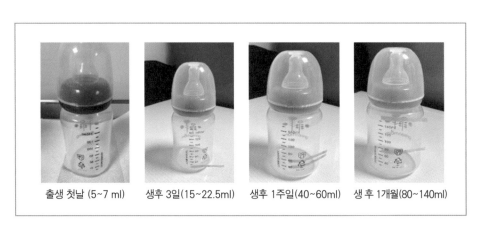

| 출생 첫날 (5~7 ml) | 생후 3일(15~22.5ml) | 생후 1주일(40~60ml) | 생 후 1개월(80~140ml) |

태어난 직후의 아기의 위는 고작 5~7ml정도의 젖을 수용하고 소화시킬 정도로 작다. 생 후 첫 날, 하루 24시간동안 30ml정도의 초유가 나온다고 보면 된다. 그러나 7일이되면 60ml까지 늘어나고, 30일에는 140ml까지 위의 용적이 늘어나게 되어 하루에 750~1350ml 정도의 수유가 가능해진다. 처음 1~7일 사이의 수유량이 적다보니 그만큼 소화시키는데 드는 시간이 짧고, 아이는 수시로(1~2시간 간격)으로 배고픔을 느끼게 된다.

정확히 말하자면 첫날 수유량이 아주 소량인데 비해 1개월 정도가 되어 충분한 양의 수유가 가능해지기까지 아이가 수시로 먹으려 하는 것이 당연하다. 게다가 분유에 비해 모유가 당연히 소화되기 쉽기 때문에 처음부터 분유를 먹는 아가들이 일정한 간격으로 수유하는 습관을 갖게 되는 것과는 좀 다른 경우가 된다.

출생 직후 아가들의 소화 효소의 분비량도 충분하지 못하기 때문에, 분유보다는 모유가 당연히 유용한 식품이 되며, 처음 몇 주 동안은 모유에 풍부한 지방 성분이 초기 급성장에 필요한 열량을 공급하는 중요한 역할을 한다.

더욱이 항감염 성분과 장점막의 유효균 성장을 자극하고 도와주는 성분들이 모유 수유를 통해 면역력이 약한 아가들에게 전달되는데 이런 장점들이 일반적으로 생후 6개월 정도까지 계속된다.

외래 진료를 보다 보면 예방접종을 위해 내원하는 4~6개월된 아이들이 (A사의 분유를 먹는 아이들이 일반적으로 체중 증가가 탁월하다) 거의 10kg 정도로 giant baby가 되어 나타나는 경우를 자주 볼 수 있었다. 분유를 만드는 회사에 따라 약간씩 특징적인 성분에 강점을 두기도 해서 특히 체중이 잘 늘기도 한다. 일반적으로 모유수유아는 비만보다는 평균 체중을 유지하는 경우가 더 많은 데 가끔 분유를 먹는 것도 아니고 전적으로 모유만 먹이는 아기가 분명한데 giant baby가 되어 오기도 한다. 이런 경우의 대부분은 모유수유에 대한 잘못된 이해 때문이다.

'젖은 아이가 원할 때마다 먹이세요'라는 권고 사항을 잘못 이해한 부모들은 무조건 아이가 울기만 하면 젖을 먹이려 하거나, 특히 밤중에 자주 깨서 울고 보채는 4개월이 지난 영아들에게도 무조건 아이를 진정시키기 위한 특수 처방처럼 젖을 먹이는 경우가 있다. 특히 엄마가 개인적으로 산후 우울증을 앓고 있거나, 아이를 찬찬히 살펴볼 마음에 여유가 없다면 더욱 더 젖이나 분유 등을 먹이고 포만감에 잠들기를 바라는 마음이 더 커진다. 아기의 울음은 마치 고래들이 서로 비슷한 소리를 내는 것 같지만 서로 다른 이야기를 하고 있는 것을 사람들이 이해하기 쉽지 않은 것과 비슷하다. 아직 자신의 감정이나 상태를 표현하지 못하는 아가들의 의사 표현을 위한 무기는 "울음"이다. 자세히 살펴보면 아기의 울음 소리는 나름 대로 특징이 있다.

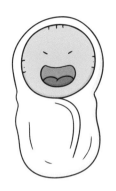

아기의 울음이 주는 신호

(참고, '엄마는 365 주치의', 신윤정, 이가서 2010)

1. 아파서 우는 아기의 울음은 찢어지는 듯한 고음이 특징이다.

   안아주거나 젖을 물려도 잘 그치지 않는다. 열이 나는 아기는 몸이 뜨겁고, 피부는 창백하다.

2. 잠투정을 하느라 우는 아이는 칭얼대면서 얼굴을 부비고 눈이 거의 감기려고 한다.

   이럴 때는 젖을 물려도 힘차게 빨지 않고 약하게 유두만 물다가 곧 잠이 들어버린다.

3. 심심해서 우는 아기는 안아 주고 얼러 주면 이내 울음을 그친다.

4. 콜릭(colik)은 영아 산통이라고 한다. 콜릭 때문에 우는 아기는 몹시 괴롭고 찢어지는 듯한 울음소리를 낸다. 울면 울수록 공기를 많이 마시게 되어 오히려 더 심하게 울고 잘 그치지도 않는다. 이럴 경우 엄마들은 당황해서 응급실을 찾기도 한다.

5. 배가 고파서 우는 아이는 대개 수유한 지 최소한 1시간 정도 지나야 운다.

   울면서 몸을 뻗대고, 젖을 물리면 힘차게 빨면서 울음을 그치게 된다. 배가 고파서 우는 아이는 안아주어도 계속 운다. 가능하면 울 때까지 아이의 수유를 늦추지 않는 것이 좋다.

일단 아이가 울기 시작하면 조급하게 먹기 시작하면서 사레가 자주 걸리고 여유 있게 충분한 수유를 하지 못하는 경우가 많다. 이런 아이의 울음의 이유를 잘 파악하려면 아이와 자주 눈을 맞추고 아이의 표정을 읽어보려고 노력해야 한다. 일반적으로 아가의 입가에 무언가 닿으면 눈이 초롱초롱해지고, 움직임도 늘어나면서 힘차게 빨기 시작한다.

아기의 입가에 무언가 닿으면 빨기 시작하는 행동은 포유 반사나 빠는 반사와 같은 생리적인 반사작용과는 구별해야 한다.

포유반사(rooting reflex); 신생아의 입 옆을 문지르거나 누르면 신생아가 그 방향으로 고개를 돌리는 현상으로 생후 6개월경이면 없어진다.

빠는 반사(sucking reflex); 신생아의 입술을 건드리면 신생아가 빠는 행동을 보이고 역시 생후 6개월 무렵부터 관찰되지 않는다.

2

미음, 죽, 퓌레, 콜리

미음

　미음(米飮)은 쌀을 불려서 죽보다 더 묽은 상태가 될 때까지 끓여서 만드는 한국 요리이다. 물을 많이 담아서 끓이고, 마지막에는 취향에 따라 소금간을 약간 하여 먹는다. 잣이나 생강 같은 것을 썰어서 고명으로 올려 내놓기도 한다. 네이버 사전에는 "입쌀이나 좁쌀에 물을 충분히 붓고 푹 끓여 체에 걸러 낸 걸쭉한 음식이며 흔히 환자나 어린아이들이 먹는다"고 정의되어 있다. 쌀 미, 마실 음, 즉 쌀로 된 마실 것이라는 의미의 한자어로 우리말로는 보미이다. 개인적으로는 맑은 막걸리 정도의 묽기라고 표현하면 적당할 것도 같다. 일반적으로 죽과 비교하면 쌀과 물의 비율로 보아 쌀:물(1:5~1:6)이면 죽, 쌀:물 1:10 정도가 되면 미음이라고 한다. 흔히들 죽과 숭늉의 중간 즈음에 있는 음식으로 보기도 하며, 미음을 만들 때는 쌀을 찧어서 가루로 만든 후 체에 쳐서 다시 한번 걸러 낸 고운 쌀가루가 사용되기 때문에 아직 이가 나지 않은 아이들이 모유나 분유 외에 처음 접하는 음식으로 적당하다고 여긴다.

여담으로
쌀미음으로도 부르지만 '미음'이라는 단어 자체에 쌀이라는 뜻이
들어있기 때문에 실제로 쌀이 겹치는 겹말이다.

죽

죽은 한국민족문화대백과사전에서 정의한 바에 의하면 곡물을 주재료로 하여 물을 붓고 끓여 반유동식의 상태로 만든 음식이다. 유럽에서는 빵을 주로 먹기 전까지는 거칠게 빻은 귀리, 밀가루로 끓인 오트밀이 주식이었는데, 동양에서도 밥을 주식으로 하기 전까지는 증기로 찐 떡과 함께 죽을 먹었다고 한다.

죽을 끓이면 곡식의 부피가 약 3배로 늘어나기 때문에 가난이 삶이던 시절에는 적은 양의 쌀로 되도록 많은 사람들이 먹을 수 있도록 하기 위해 죽을 주식으로 삼기도 했다. 그마저도 부족하면 좀 더 묽게 쑤어 4~5인분으로 불리기도 했다. 성인들도 가벼운 아침

식사 대용으로 먹기도 하고 소화가 어려운 환자들에게 죽
은 부드럽게 넘길 수 있어 환영받는 음식이다.

　쌀로만 만든 죽은 탄수화물만 섭취할 수 있기 때
문에 기호나 정도에 따라 다양한 재료들을 섞기
도 하고, 쌀이 아닌 식재료들로만 죽을 만들기
도 한다. 이유식으로는 우리나라 대부분의 아
이들이 처음 만나는 미음 다음으로 쌀죽을 먹
게 되지만, 유럽이나 미국에서는 오트밀을 처
음 이유식으로 먹이기도 하고 당근 퓌레와 같
은 채소 등을 이용한 퓌레를 처음 먹이기도 하기 때문에
간혹 외래에서 "반드시 쌀미음부터 시작해야하나요?"라는 질문에 대해 간단한 답변을
줄 수 있을 것 같다.

　쌀이 주식인 우리나라에서는 당연히 쉽게 선택할 수 있고, 결국엔 쌀밥을 먹기 위한 준
비 과정의 일부로 여길 수도 있다. 하지만, 처음에 무엇을 먹일 것인가는 대부분 그 아이
들이 생활하는 환경과 문화, 풍습, 지역적인 조건, 심지어는 오랜 기간 이어오는 가정의

전통과 같은 요소들이 함께 기여하면서 정해진다고 볼 수 있다.

예전엔 이유식 상담을 받으러 오는 엄마들에게 처음 이유식을 시작하는 아이들의 미숙한 소화기능과 엄마젖이나 분유젖꼭지를 물면서 자라온 아이들이 다른 방식으로 음식물을 받아들이게 된 엄청난 변화에 대한 조심스러운 첫걸음처럼 '미음'을 먹이면 된다고 했던 기억이 난다.

그러고는 수일간의 시간을 두고 점차 물의 양을 줄이고 좀 더 진한 액상 또는 죽으로, 그리고 또 다시 작게 썬 조각들로… 점차 이동해가는 일종의 "이유 행진"처럼 생각하면 어떠냐고 말이다.

이제 모처럼 시간을 두고 이유식에 대하여 심도 있는 공부를 하게 되면서 그 당시의 그 말들이 맞기도 하고 아니기도 하다는 사실을 알게 되면서 사뭇 부끄러움에 고개를 들 수가 없다.

죽을 비슷한 다른 언어로 표현한다면 Porridge, Puree, Coulis, Congee와 같은 단어들을 떠올릴 수 있다.

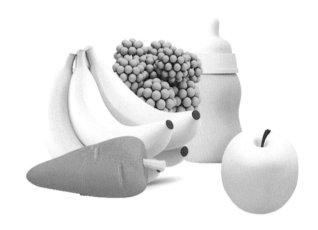

퓌레

퓌레(Purée)(프랑스어: purée)는 익힌 음식으로, 과일, 채소나 콩과 식물을 갈거나 누르거나 비틀어서 체로 걸러서 만들며 부드러운 크림 같은 페이스트나 진한 액체 농도를 유지한다. 우리에게 익숙한 으깬 감자나 이유식으로 많이 만들어주는 사과 또는 바나나 퓌레, 고구마 퓌레 등이 있고 매시드 포테이토, 애플소스도 퓌레의 일종이다. 이 용어는 프랑스어의 동사 purer(정제하다)에서 왔다.

쿨리

쿨리(프랑스어: coulis)는 음식을 으깬 뒤 체에 걸러 만든 소스이다. 퓌레와 달리 익히지 않는다. 채소 쿨리는 흔히 수프나 소스 등 요리에 쓰이며, 과일 쿨리는 후식을 만들 때 쓰이지만, 주로 과일에 대해 일반적으로 사용하는 용어다.

3
이유식의 진행

소고기(육류)와 이유식

처음에 이유식의 다음을 묻는 엄마에게 "소고기를 먹이세요"하면, 한 번은 이유를 설명해야 할 필요를 느낀다. 일반적인 상식으로는 아기가 소화하기 쉬운 질감의 재료들부

터 먹여야 할 것 같기 때문에 쌀미음, 쌀죽으로 잘 나가다 소고기를 먹이라고 하면, 갑자기 질감으로 보면 채소나 과일에 비해 매우 강도가 센 것처럼 느껴지기 때문이다.

소고기 퓌레가 철분강화 라이스 씨리얼 다음으로 추천되는 초기 이유식의 하나인 이유는 소고기가 철분과 아연의 결핍을 예방하는데 효과적이고, 아이들의 성장 발달에 도움이 되는 우수한 단백질을 공급할 수 있기 때문이다.

특히, 4~6개월까지 모유만 먹고 자랐던 아가들에게 초기 이유식으로 철분강화 시리얼 외에 소고기 퓌레를 먹이는 것에 대해서는 미국소아과학회에서는 표준 지침으로 삼고 있다.

알고 넘어가면 좋을 상식ㅅㅅ   Heme-iron과 non-Heme iron (햄철과 비햄철)

(Heme iron) 동물 유래 철: 생체 이용율이 높다.

(Non-Heme iron)식물 유래 철: 비타민 C, 베타 카로틴, 비타민 A 등과 함께 섭취하면 non-heme iron의 소화 흡수율을 높일 수 있다.

소고기의 장점

1. 소고기에 들어있는 햄철(Heme-iron)은 비교적 체내에서 쉽게 소화 흡수가 잘 되기 때문에 철분강화 시리얼과 비교하면 전체 철분 함량은 시리얼이 더 우수하지만, 소고기에 들어있는 철분이 6배가량 소화 흡수가 잘 된다.

2. 소고기를 대신할 수 있는 육류들로는 닭, 계란, 햄 등이 있지만 소고기에 비해 철분이 다소 부족하기도하고 단백질내의 철분 흡수율도 소고기가 다른 육류의 2배 이상 높다고 알려져 있다. 철분이 부족해지지 않도록 아가들에게 먹일 단백질로는 단연, 소고기가 으뜸이라고 볼 수 있다.

소고기에 들어있는 필수 영양성분

A. 단백질: 아이들의 신체 성장 및 발달에 꼭 필요하다.

B. 철분(Heme iron): 신경학적 발달 및 조절, 면역 기능 형성에 매우 중요한 역할을 한다.

C. 아연: 인지 기능의 성장과 발달, 중추신경계 내 신경 간의 상호 교통, 면역 기능의 형성과 유지를 위해 꼭 필요한 성분이다.

D. 콜린: 신체 각 부분에서 꼭 필요한 영양 성분이면서 중추신경계의 발달, 기억력, 심박수의 조절 등에 관여한다.

E. 비타민 B_{12}: 인체 내에서 자연적으로 생성되지 않으나, 중추신경계의 발달과 건강한 혈액 세포를 만들기 위해 꼭 필요한 성분이다.

F. 비타민 B_6: 정상적인 뇌 및 중추신경계의 발달과 기능을 유지하는데 필요한 기능을 돕는다.

Q & A

아가들이 먹어야 하는 건데, 소고기는 '한우'만 먹여야 되겠죠?
대답은 '노우!'

이유 중인 엄마에게 소고기를 매일 먹이라고 하면 부담을 느끼는 것은 당연하다. 더군다나 요즘은 내외적인 크고 작은 문제들 때문에 물가가 천정부지로 치솟고 있어서 가정경제 역시 큰 타격을 받았을 것이다.

간혹 진료실에서 소고기를 먹이는 부분에 대해 이야기를 해드리면 "소고기는 한우만 먹여야 하죠? 소고기 값이 엄청 비싼데, 어떻게 매일 소고기를 먹어요?" 이런 질문을 받기도 한다. 물론 한우가 양질의 단백질이며 지방층이 적고 수입 소고기에 비해 매우 비싸긴 하지만 소고기 자체가 갖고 있는 성질이 국경을 넘는다고 변하지는 않는다. 수입 소고기도 소고기. 반드시 한우만 고집하여 먹일 필요는 없다.

수입 소고기와 한우의 비교

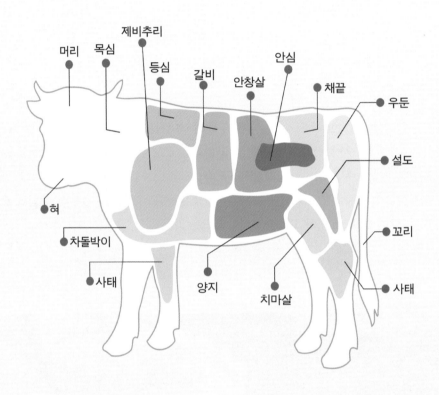

1. 한우는 신선도면에서 매우 우수합니다. 한우는 도축 즉시 24시간 내 냉장유통을 하게 된다. 수입육은 냉동, 수입, 국내 판매대에 오르기까지 최대 45일이 소요된다.

2. 안정성: 한우는 100% 완벽한 쇠고기 이력제를 실시하지만, 수입육은 대단위 사육 환경으로 인해 품질 기준 파악이 어렵다.

3. 육질을 판단하는 등급이 우수한 한우: 한우는 2016년 기준으로 1등급 이상 품질이 69%인 반면, 수입육은 대부분 2~3등급에 해당하는 상품이 수입되고 있다.

4. 한우가 훨씬 맛이 좋다. 소고기의 맛은 '올레인산'의 함량에 따라 결정이 된다. 한우에는 48%, 수입육은 38% 정도다.

5. 한우는 친환경적인 사육환경이 장점; 한우는 분뇨, 거름 등을 활용하여 친환경적인 사육방식으로 관리되고 있지만, 수입육은 대규모 공장식 축산을 하기 때문에 분뇨가 축적되면서 환경오염의 원인이 되고 있다.

6. 한우는 항생제를 남용하지 않는다. 우리나라를 동물용 의약품 잔류허용기준을 설정하고 철저한 관리를 하고 있기 대문에 항생제 남용이 거의 없지만, 공장식 축산업을 하고 있는 대부분의 외국에서의 소사육은 항생제 투여량을 확인할 수 없다.

7. 한우는 인체건강에 더 좋은 영향을 끼칠 수 있다. 미국산과 호주산 쇠고기를 섭취하고 혈액 내 총 콜레스테롤 함량과 혈액 내 평균 중성지방의 함량을 비교해보니 수입 소고기에서 각각이 2~3배 더 높게 나왔다.

맛있는 한우를 선택하려면…

1. 색깔 – 밝은 선홍색을 띄면서 윤기가 나는 것이 좋다. 특히 고기가 겹쳐 공기와 접촉
   이 없는 부분은 암적색을 나타낼 수 있지만 공기중에 노출하면 선홍색으로 변화한다.
2. 지방색 – 유백색을 띄면서 윤기가 좋다.
3. 마블링(근내지방도, 상강도)
   등심이나 목심, 갈비, 양지 등의 살코기 속에 지방이 대리석 모양으로 고르게 박혀
   있는 것을 마블링, 근내지방도라고 한다. 마블링이 좋으면 고기가 부드럽고 맛이 좋
   을 것으로 본다.
4. 고기결 – 고기 절단면이 탄력과 광택이 있고, 결이 섬세할수록 좋다.
5. 소고기는 요리용도에 따라 필요한 부위를 필요한 정도로 소량 씩 구입하는 것이 좋다.
6. 가능하면 냉장숙성육을 선택하는 것이 좋다.

이유식에 사용하기 좋은 소고기 부위는?

   소고기는 대체로 운동량이 적어 근육이 상대적으로 적은 안심을 선택하면 부드럽고
기름기가 적어 처음 이유식을 시작하는 아이가
부담 없이 먹을 수 있다.

   안심은 소고기 중 가장 맛있는 부위라고 해도
과언이 아니다. 복강 안쪽에 위치하고 있기 때문
에 운동량이 많지 않아 가장 부드러운 부위여서
초기 이유식용으로 가장 많이 추천하지만 가격
은 만만치 않다. 이유식 초기가 지나면 비용면에서 가장 부담스러운 안심을 계속 먹이
기는 쉽지 않다. 그 이후에는 우둔, 설도, 홍두깨를 많이 선택하게 되는데 홍두깨살의 경
우는 이유식용으로 다져서 판매하는 곳도 있다. 중기 이후 육수를 만들어야 할 때 홍두
깨살을 이용하기도 한다.

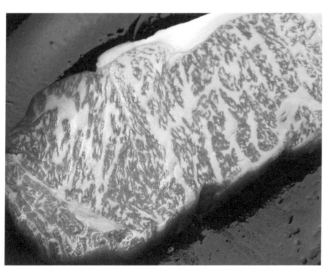

우둔살도 지방이 거의 없는 살코기지만 잘 구입하면 부드럽고 담백한 우둔살을 구할 수도 있어 이유식으로 이용하기도 한다. 게다가 고기 덩어리의 위치에 따라 조직감이 다를 수 있기 때문에 요리 용도에 따라 고기를 써는 두께를 달리하여 불고기, 주물럭, 산적, 육포, 장조림 등의 요리에 이용할 수 있다. 흔히 온라인에서 구입하는 다져진 소고기 재료들은 우둔살을 이용한 경우가 많다.

개인적인 사정으로 본의 아니게 집에서 쉬게 된 기간이 있었다.

그 기간 동안, 동생의 첫째 아들인 조카를 신생아때부터 키우게 되었다. 물론 그 당시에도 소고기는 다 같은 소고기라고 생각하면서도 이유식만큼은 꼭 한우를 사서 먹였다. 그렇게 자란 큰 아이는 이제 열 살이 되었지만, 돌보미 할머니께서 골치를 앓으실 만큼 안 먹는 음식도 많고, 너무너무 예민한 성격에, 못 먹는 음식도 많다. 심지어 학교 급식도 제대로 먹고 오는 일이 별로 없다. 하지만, 예쁜 우리 둘째는 여자 아이인데, 나와 동생가족이 함께 거주하기 시작하면서 태어났고, 이번에는 동생이 재택근무를 하고 내가 정규근무를 하고 있었기에 둘째의 이유식은 엄마가 직접 담당했다. 첫째는 내가 도맡아 키웠기 때문에 동생이 이유식을 만들어 먹인 경험이 없었다. 첫째 조카는 유치원에 다니고 있었지만, 혼자서 집안 일, 육아, 직장일과 더불어 늘 아프다고 골골거리는 나까지 감당하느라 정성스럽게 이유식을 만들어 먹일 정신이 없었다. 다행히 둘째는 성격이 모나지도 않고 아무거나 잘 먹는 편이어서 심지어는 동생이 '아이 주도형 이유식'에 관한 개념이 있던 것도 아닌데 그냥 가족들의 식탁에서 아이가 불편할 정도로 큰 음식은 잘게 잘라주고, 소화시키기 어려워하면 국에 말아주거나 물을 붓고 살짝 끓여주는 정도로 이유기를 쿨하게 지나갔다. 그러다 보니 둘째의 식탁은 언제나 자유로웠고, 식사를 마친 후 조카는 아예 샤워를 다시하고 옷을 갈아 입혀야 했고, 주변엔 치우고 닦아야 할 것들이 넘치곤 했다. 그런 둘째 조카가 현재 다섯 살이 되었는데, 정말이지 가리는 음식이 별로 없고, 자신이 넘기기 어려운 커다란 덩어리나,

너무 뜨거운 음식만 아니면 뭐든지 잘 먹고, 잘 자라고 있다. 뿐만 아니라, 늘 자신감이 넘치고, 거침이 없는 성격에, 병치레도 별로 하지 않고 매일 매일이 늘 활기차고 건강하다.

우리 아이들의 사례가 반드시 이유식을 어떻게 했느냐에 따라 나타난 결과로만 볼 수는 없지만, 뒤에서 다루게 될 '아이주도형 이유식'이 주는 장점과 정성껏 손수 이유식을 만들어 먹인 경우의 단점이 공교롭게도 두 아이에게서 분명히 드러난 것처럼 보인다.

장 건강을 유지하기 위해서는 적당량의 채소와 ···'소고기'가 필요하다,

간혹 엄마들이 아이들에게 고기는 일절 먹이지 않는 경우들이 있는데, 채식주의자들과 같이 육류를 멀리하고 채소만 먹는 것이 훨씬 건강에 유익하다는 오해 때문인 것 같다.

아이들의 장은 어른과는 달라, 소화시킬 수 있는 공간이 매우 작기 때문에 적은 양으로도 여러가지 필수 영양소를 충분히 섭취할 수 있는 식품이 매우 유용하다. 그런 이유라면 단연코 소고기를 추천할 수 있을 것이다.

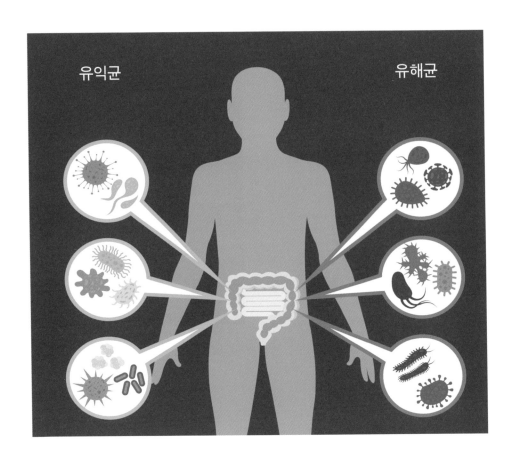

아이들의 소화기능을 향상시키고 조화롭게 성장. 발달하도록 돕기 위해서는 적당량의 채소와 더불어 소고기와 같은 육류를 매일 일정량 먹이는 것이 좋다.

건강한 장을 유지하려면 소화기관들의 균형 있는 발달이 이루어져야 하는데, 소고기에 들어 있는 철분은 이런 소화기관내에 서식하고 있는 '유익균'이 충분히 자랄 수 있도록 돕는 역할도 한다. 게다가 아이들의 성장과 함께 이유식이 어느 정도 진행이 되면, 과일, 야채, 곡물, 견과류, 씨앗, 유제품, 육류, 계란, 생선과 같은 다양한 영양 밀도가 높은 음식을 골고루 먹여야 한다.

소고기 퓌레 다진 소고기 채 썬 소고기
큐브형 소고기 미트볼 스테이크

철분이나 아연과 같은 영양 성분의 보충면에서 소고기가 매우 우수하며, 두뇌 발달과 미각의 발달에도 도움이 된다.

물론 어떤 음식이든 새로운 재료들을 경험하게 되면서 새로운 냄새와 촉감, 식감 등을 느낄 수 있지만, 소고기는 쌀보다 더 다양한 형태의 변화를 겪어가며 아이들의 식탁에 올려지는 장점이 있다. 소고기 퓌레, 다진 소고기, 작은 소고기 조각, 조금 더 커진 소고기, 잘 삶은 소고기, 잘 구운 소고기, 점점 소고기의 굽기에도 변화가 생긴다. 그런 크고 작은 변화를 겪을 때마다 소고기는 새로운 맛의 세계를 경험하게 한다.

소고기는 아이의 성장에 따라 질감과 조리법이 달라지면서 늘 새로운 맛과 촉감, 구강 운동의 변화 등을 경험하게 되며, 이런 변화의 과정들을 통해 소고기가 아닌 다른 새롭고 다양한 음식을 먹을 때에도 거부감을 줄이고 더 쉽게 받아들일 수 있도록 도울 수 있다.

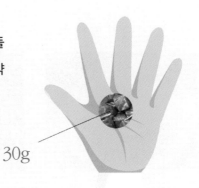

보통 6개월 ~12개월 처음 이유식을 시작하는 아가들과 3세 전까지 모든 영유아들은 하루 약 1~2 온스(약 30~60 그램)의 소고기를 먹이는 것이 좋다.

30g

'맛 창'

아이들은 태어나면서부터 단 맛에 대해 반응한다!

Q. 이제 막 이유식을 시작했어요. 쌀미음, 쌀죽을 잘 먹네요. 그럼 바로 과일 주스를 만들어 먹어도 될까요?

우선 답변을 하자면, No!

과일은 섬유질과 각종 비타민, 무기질이 풍부하기 때문에 아기에게 꼭 필요한 식품이지만, 아이들은 이미 단맛에 대하여는 엄마 자궁에 있을 때부터 익숙한 맛이어서 과일주스를 먹기 시작하면서 금세 단맛에 푹 빠지기 쉽다. 그렇게 되면 상대적으로 맛이 강하지 못한 음식들, 특히 채소나 고기들로 만든 이유식은 먹지 않으려고 하게 된다. 그 만큼, 새롭고 다양한 음식들을 골고루 먹여보자는 엄마의 꿈은 무너지기 쉽게 된다.

처음 이유식을 시작하는 시기부터 18개월까지는 새로운 맛에 대해 별다른 거부감없이 쉽게 받아들인다. 그런 의미에서 최근에 이 시기를 "맛 창(flavor window)"이라고 부르기 시작했다.

이유식을 먹이기 시작하면서 아이들이 쌀미음, 쌀죽을 비교적 잘 먹는 모습을 보면 그 즈음에서 '과일 주스(생과일을 갈아서 만든)'를 먹여도 되는지 묻곤 하는데, 우리나라를 비롯한 미국, 영국 등에서도 과일을 비롯한 단맛의 대표격인 주스는 최대한 늦게 줄 것을 권하고 있다(적어도 6개월 이후부터 먹이도록 권장하고 있다).

또한 과일 주스를 먹일 수 있게 되었더라도 처음부터 주스의 원액을 그대로 먹이기보다는 처음에는 1/3 ⇨ 1/2 ⇨ 원액의 순서로 물에 희석해서 먹이다 점차 원액으로 옮겨가는 것이 좋다.

학자들은 아이에게 처음 제공되는 음식들이 얼마나 다양한지에 따라서 나중에 성인이 되어서도 특정 음식에 대한 거부감이나 비만과 같은 성인병에까지도 중요한 영향을 끼친다고 한다.

특히 1세 이전의 아가들에게는 모유나 분유로 대부분의 영양을 공급받게 되고, 그 연령의 아이들은 '식사'란 그저 '즐거운 놀이'와 같아서, 음식과 더불어 식사 자체가 재미있으면 된다. 그러나 이 시기에 가능한 새로운 음식을 다양하게 경험할 수 있도록 해주면 자라는 동안 특정 음식에 대한 거부감이 적어지고, 편식이나 비만과 같은 문제들로부터 비교적 자유로워질 수 있다.

보통 4~18개월까지를 '맛 창'이라고 하지만, 4~7개월경, 많은 아가들이 이유식을 막 시작하는 이시기가 가장 강력한 '맛 창'이라고들 한다.

18개월~24개월이 지나면 새로운 음식에 대해 강력하게 저항하면서 심하게 울고 떼쓰는 유아들을 자주 볼 수 있다. 그 이유는, 24개월이 지나고 '맛 창'이 닫히게 되면 새로운 음식에 대한 거부감이 늘고 자기만의 방식이나 고집이 생기기 때문이다.

태어나기 전부터 아기들은 음식에 대한 맛을 경험한다.

Food wirter인 Willson은 "First bite 첫 한 입부터"라는 저서에서 아기가 잉태되어 엄마 자궁에 머물러 있는 동안에도 엄마가 먹는 대로 음식의 맛을 기억하여 출생 후에도 여전히 그 기억이 남아있다고 한다. 말하자면, 엄마가 임신 기간 동안 음식을 다양하게 골고루 먹는다면 태어난 아가들이 새로운 맛에 대해 쉽게 적응하고 친밀하게 느낄 수 있다. 특히 미각을 느낄 수 있는 미뢰는 임신 7주경부터 생성되기 시작하여 15주경이면 완성되기 때문에 태아가 아직 자궁에 머물러 있는 기간 동안에도 양수를 통해 엄마가 먹는 음식의 맛을 느낄 수 있고, 특히 엄마가 좋아하거나 자주 먹는 음식에 대해서는 태어나기도 전부터 익숙해지기도 한다는 것이다.

또한, 모유를 먹는 아가에게는 엄마가 먹는 음식의 맛이 모유로 전달되므로 너무 자극적인 음식은 피하는 것이 좋다.

산모나 수유모의 식사를 통해 음식의 맛이 양수나 모유를 통해 전달되기 때문에, 태어나지도 않았거나 이유식을 시작하지 않은 아이들도 출생 후 별다른 어려움 없이 여러가지 다양한 맛에 대하여 친밀하게 느끼게 된다. 예를 들면, 임신 말기에 엄마가 당근 주스를 많이 마셨다면 이유식을 처음 시작할 때도 당근의 맛과 향을 내는 음식으로 이유식을 시작하면 수월하게 진행이 된다.

재미있는 연구 결과가 최근 발표되었는데, 수유모가 마늘을 많이 섭취한 경우에 모유수유를 상대적으로 오래 유지할 수 있었다고 한다.

더 나아가 분유만 먹일 경우, 분유는 일정기간 늘 같은 맛에만 노출되기 때문에 모유만 수유하는 아이보다 일찍 이유식을 시작할 것을 권한다.

이유식의 진행

새로운 음식을 추가하기

이유식을 시작하게 되면 아이가 잘 먹는지, 피부반응(발진이나 가려움, 불편감), 설사나 구토가 없는지 등을 살펴야 한다. 이유식을 잘 소화시키는 것도 중요하지만, 새로운 음식이 들어가면서 알레르기 반응을 보이지는 않는지에 대하여도 잘 관찰하고, 특별한 이상 반응을 보이지 않는 것을 확인하게 되면 새로운 음식을 첨가하도록 한다.

새로운 음식을 추가하는 데는 몇 가지 권고사항이 있다.

1. 한 번에 한 가지씩 새로운 음식을 추가하도록 한다.
2. 특히 '한가지 성분'으로 이루어진 음식(예를 들면 과일과 쌀의 혼합 시리얼보다 처음엔 쌀로만 된 시리얼을 먼저 먹여본다.)을 먹여보면서 각 음식을 아이가 잘 먹을 수 있는지 확인할 수 있다.
3. 새로운 성분의 식품을 소개하기 위해서 적어도 5~7일의 간격을 둔다. 이유식의 진행이 순조롭거나 월령에 따라 정상적인 발달을 보이는 아이들은 2~4일의 간격으로 줄 수도 있다.
4. 새로운 음식을 주게 될 때는 1~2 스푼정도로 소량씩 먹여보고 음식의 맛과 질감 등에 아이가 잘 적응하는지 확인해 본다.
5. 새로운 음식을 먹여보고 나서 발진, 천명, 설사 등과 같은 이상 반응이 나타나는지 관찰한다.

초기 이유식을 거부하는 아가들을 위해 ⇨ 물 대신 모유나 분유를 사용하라!

Q 처음 이유식을 시작하려는 데 통 먹으려 들지 않아서 걱정 이예요~~

이와 같은 걱정과 질문도 진료실에서 쉽게 접할 수 있다. 새로운 맛에 대해 거부감이 더 심한 아이일수록 처음 시작도 어려울 수 있다. 그런 경우 쌀가루와 물을 혼합하는 대신 쌀 가루와 모유, 또는 쌀가루와 분유를 섞어보라고도 한다.

자신에게 익숙한 맛이 들어올 때 새로운 맛에 대한 거부감도 줄일 수 있기 때문이다. 그런 의미에서 모유를 먹는 아이들이 분유를 먹는 아이들에 비해 엄마가 평소 먹는 음식에 대한 간접 경험을 하면서 다양한 맛에 이미 익숙하기 때문에 새로운 음식을 거부하는 경우도 적다.

주의!! 어른용 시리얼과 아기용 시리얼을 혼돈하면 안된다.

성인용 시리얼에는 소금과 당이 유아용보다 많이 들어있고 철분이 부족할 뿐 아니라, 영유아 용에 비해 철분도 적고 흡수율도 떨어진다. 더구나 건포도, 대추, 땅콩과 같은 작은 조각이 들 어있어 아이들이 삼키다 목에 걸려 질식을 일으킬 가능성도 있다.

식단 계획하기

이유식이 일단 시작된 후, 새로운 음식을 먹이려면 먼저 먹이려는 음식을 숟가락으로 조금 담아 아이의 입술에 살짝 대보는 것이 좋다. 아이가 거부하는 음식을 억지로 먹이지는 않아야 하며, 가능한 1~2주 정도 미루었다 다시 시도해보도록 한다. 어떤 연구에 의하면 적어도 10~15번 정도는 새로운 음식을 접해보아야 비로소 아이가 더 이상 거부하지 않고 받아들일 수 있다고 한다. 마찬가지로 처음에 거부했던 음식도 어느 정도 시간이 지나서 다시 시도해보면 더 이상 거부하지 않고 먹게 된다.

쌀죽을 잘 먹고 나면 소고기를 다져서 쌀죽이나 시리얼에 혼합한다.

그 후 1주일 정도의 간격을 두고 귀리, 보리등을 차례로 넣어주기 시작한다.

과일 주스 먹이기

요즈음엔 착즙기, 믹서기 등과 같은 기계들이 발달하면서 과일 주스를 먹기가 훨씬 수월해졌다. 예전에 비해 목 넘김도 좋고 맛도 좋아져서 가정에서도 생과일을 이용한 주스를 쉽게 마시게 되었다.

미국의 식약청 FDA에서는 100% 과즙으로만 된 음료에 과일주스라는 명칭을 사용하도록 하였다. 과즙 100%가 안될 경우 '음료', '음료수' 또는 '칵테일'이라는 명칭을 사용해야한다.

과일주스는 탄수화물이 주로 들어있지만 비타민 C와 함께 수분이 주성분이다. 특히 자두, 사과, 배와 같은 과일에는 소르비톨과 과당이 많이 들어있고 유아는 이들 중 10%만 흡수하고 나머지 탄수화물은 소장에서 발효되고 설사, 복통 또는 팽만감을 일으킬 수 있다. 과일주스를 많이 마시는 아이들에서 이런 증상이 종종 관찰된다.

이유기의 과일주스

 과일주스는 6개월이 지난 후 시작한다.

 100% 과즙으로만 준다.

 주스를 만들어서 바로 마시지 않고 일정량 보관하면서 조금씩 먹일 생각이라면 저온 살균을 거치도록 한다. 새로운 과일 주스를 먹일 때도 일주일 간격으로 이상 반응이 나타나는지 관찰한다.

 여러가지 과일을 혼합한 혼합주스는 이전에 먼저 아이가 먹고 이상 반응이 없었던 과일들만 혼합한다.

 아가들이 쉽게 들고 마실 수 있는 유아용 빨대컵이나 병으로 주스를 주지 않도록 한다. 낮잠이나 수면시간에 주스를 주지 않도록 한다.

 저온살균법(Pasteuriztion)은 100℃ 이하로 열처리하는 것을 말한다. 즉시 저온 살균과 장기 저온 살균 두 가지 방법이 있으나, 즉시형은 1분이내에 90~100℃까지 가열하고 빠르게 실온으로 냉각시켜주는 방법이다. 즉시형은 특수 장비가 필요하므로 가정에서는 보통 장기 저온 살균을 하게된다. 장기 저온 살균은 약 60℃에서 약 30분 가열하는 방법을 사용한다. 주스의 저온 살균법 :상업적으로는 약 83℃에서 16분간 가열하여 있을 수 있는 병원체를 파괴하는 방법을 사용하며 이렇게 저온 살균한 주스는 가열하지 않은 것과 영양분이 같고 맛도 좋으며 살균 처리하지 않은 주스보다 오래 보존할 수 있다. 가정에서도 약 60~70℃에 맞추어 30~40분동안 저온 살균을 수행할 수 있다 .

 Q 빨대컵은 아이들이 혼자 들고 마실 수 있어서 편리하게 이용하는데 왜 사용을 하지 말라고 하시나요?!

아가들이 쉽게 들고 주스를 마시다 중단하고 한참 후에 또 다시 컵에 남은 주스 마시기를 반복하게 될 가능성이 많고, 이런 경우 주스의 신선도가 떨어지고, 시간차를 두고 조금씩 마시면서 들고다니면 도리어 예상보다 많은 주스를 마시게 될 수도 있다. 주변 온도나 환경에 따라 세균들이 컵내부나 외부에 쉽게 자랄 수 있어 위험하다. 주스는 물론이고 물을 먹일 때도 빨대 컵 사용을 피하는 것이 좋다. 돌이켜보면 우리 조카들도 빨대 컵 사용에 대해 별다른 주의를 기울이지 않았던 것 같다. 특히 장시간 여행이나 이동이 필요할 때 빨대 컵에 물을 담아 챙겨가는 것이 퍽 유용하다고 생각했었다. 좀 더 일찍 알았다면 더 주의를 기울였을텐데….

아이들에게 주스를 줄 때는 뚜껑이 없는 컵에 담아 주는 것이 좋다.

질식을 일으킬 수 있는 음식

질식을 일으킬 수 있는 채소나 과일, 곡물들… 주의!

이유식을 진행하는 동안 아이들도 점점 성장하게 되고 호기심도 왕성해진다. 아이들은 관심이 가는 물체에 대해 처음에는 눈으로 보는 것으로 만족하지만, 손을 뻗치게 되면서 손으로 잡기가 가능해지고 결국 그 호기심을 해결하기 위해서는 입으로 옮겨 물고

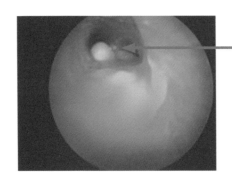

기도에 땅콩이 박혀있는 내시경 모습

빠는 과정을 통해 자신의 욕구를 만족시키게 된다.

퓌레나 죽의 형태로 먹던 이유식이 점차 고형화되고 단단한 형태를 갖춘 음식들도 씹고 삼킬 수 있게 되면서 작은 큐브 형태의 음식들이 제공되기도 하는데, 특히 이런 모양의 음식들에 대하여는 아이가 삼키는 도중 잘못해서 기도로 넘어갈 수도 있어 질식으로 고통받을 수도 있다.

더구나 작은 콩이나 땅콩 같은 식품들은 단순히 먹는 음식으로 생각하지 않고 놀이의 기구로 생각하기도 해서 아이가 손으로 집어 올려 콧구멍이나 귓속에 밀어 넣는 일도 발생할 수 있다.

그러고보니 예전에 TV에 보았던 장면이 하나 떠오른다. 나는 개인적으로 미드를 참

좋아하고 평소에도 즐기는 편인데, 미드 중 '닥터하우스' 시리즈를 보고 있었다. 닥터 하우스가 외래 진료를 보고 있을 때 한 꼬마 환자가 내원했다. 한 꼬마 아이가 호흡곤란으로 쌔액쌕 거리고 있었는데 하우스가 청진도 하고 코, 목, 귀를 차례로 검사하더니 가느다란 집게핀을 하나 집어들고는 아이 콧속에서 경찰, 경찰차, 트럭, 트럭 운전자 들을 차례로 끄집어 내기 시작했다. 내가 보기에도 아이의 조그만 콧구멍 속에 그렇게 많은 장난감 피규어들이 들어있었을까? 의아했지만, 아무튼 하우스는 하나하나 다 꺼냈고, 아이는 비로소 호흡을 안정되게 쉴 수 있었다.

한 번은 내 진료실에도 폐렴이 잘 낫지 않는다며 할머니, 할아버지와 함께 찾아온 남자 아이를 진료했다. 아이를 진찰하다 보니 아이의 호흡음이 좌우가 다르다는 것을 느낄 수 있었고 호흡음이 감소된 쪽에서는 쌕쌕거리는 천명이 청진 되었다. 우리 병원에서는 X-ray를 바로 촬영할 수 없었기 때문에 아이 아버지에게 전화를 걸어 빨리 응급실로 데려 가라고 연락을 했었다. 나중에 아이 아버지로부터 연락을 받았는데 아이의 한쪽 기관지에 땅콩이 박혀 있었다는 것이다. 땅콩은 식물성이어서 시간이 지나면 썩을 수도 있기 때문에 더 늦기 전에 발견한 것이 얼마나 다행이었는지, 내 가슴을 쓸어내린 기억이 있다. 그 나이의 아이들은 실수로 음식을 삼키는 과정에서 기도로 넘어갈 수도 있지만, 자신이 직접 콧구멍이나 귓구멍으로 집어넣기도 한다. 일부러 집어넣는 경우엔 나름대로 이유나 이야기가 있는 것 같다. 그 이야기의 흐름대로 코나 귓속으로 집어넣는다. 하지만, 아직 씹고 삼키는 기능이 미완성의 단계에 있는 영유아들에게는 조심해야 할 몇 가지가 있다.

질식을 일으킬 수 있는 곡물, 채소, 과일들

채소 및 과일들

- 생야채(녹두, 현미콩, 셀러리, 당근 등)및 익히지 않은 말린 과일(건포도, 자두)

- 삶거나 생 옥수수 알맹이

- 체리, 포도 또는 토마토

- 단단한 생과일 조각, 과일 통조림.

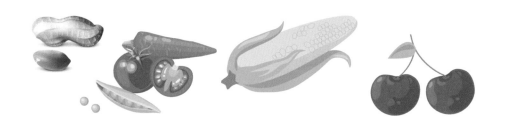

곡물 및 곡물제품

- 쿠키 또는 그래놀라바(볶은 곡물, 견과류등이 들어간 아침 식사용Cereal의 일종)

- 감자/옥수수 칩, 프레첼과 이와 유사한 스낵들

- 견과 조각이나 씨 또는 밀 열매와 같은 통곡물 들어간 크래커나 빵, 요리된 쌀, 보리
  또는 다른 곡물들의 통 낟알 등.

단백질이 풍부한 음식

모유만 먹이는 아이들은 4~6개월이 되면 철분과 아연의 결핍을 주의해야 하지만, 아이들의 성장기를 고려하면 단백질이 부족해지지 않도록 하여야 한다. 단백질이 매우 풍부한 식품으로는 주로 소고기, 돼지고기, 생선, 난, 황, 치즈, 요구르트, 콩류 등이 있다.

인스턴트보다는 가정식으로~~

일반적으로 상업적으로 준비된 식품들은 같은 함량, 같은 고기라도 열량이나 영양면에서 가정에서 준비한 것에 비해 꽤 높게 제공되는 편이다. 그러나 간혹 아이들이 상업적으로 제조된 식재료들을 혼합하여 만들어 먹이는 음식에 대하여 과민 반응 또는 알레르기 반응을 보이는 경우들이 있다.

달걀 먹이기

예전엔 난황은 이유식으로 일찍 먹이기도 했지만, 단백질이 풍부한 난백이나 전란은 영유아에게 과민반응을 일으킬 수 있어서 1세 이전에는 먹이지 않도록 권했다. 그러나 요즘은 알레르기와 관련된 지침들에 많은 변화가 생기면서 대부분의 식품들이 아가들에게 조금씩 먹여보고 별다른 이상 반응이 발견되지 않는다면 먹는 양을 늘려가면서 계속 먹여보는 쪽으로 권장되고 있다. 몇 년 전만

해도 알레르기를 잘 일으킬 만한 식품들을 너무 일찍 먹일 경우 알레르기 고위험군에 속하는 영유아들 중에는 너무 심한 과민반응을 경험할 수 있다고 생각했다.

그러나, 최근 활발히 업데이트되고 있는 연구들을 보면 실제로 알레르기를 잘 일으킬 수 있는 식품이라도 우리 아기가 먹어보고 아무런 반응을 보이지 않는다면 그 아이에게는 안전하게 먹일 수도 있고 오히려 다양한 식품들을 일찍부터 경험하게 되면서 알레르기를 예방하고 두뇌발달에도 도움을 줄 수 있다고 한다*.

다만 달걀을 이유식으로 사용할 경우 난황부터 시작하여 점차 난백, 전란의 순서로 진

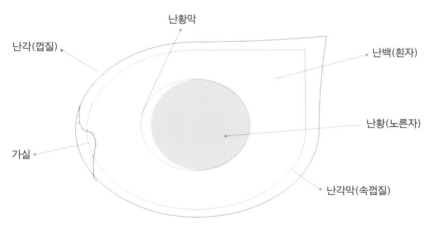

달걀은 난황(노른자), 난백(흰자), 난각(껍질), 난각막
(속껍질)의 네 부분으로 이루어져 있다.

행하면서 적응하는 것이 좋다.

게다가 모든 달걀류들은 처음부터 조리과정에서도 주의를 요한다. 특히 살모넬라 및 다른 세균들에 달걀 껍질이 오염되어 있을 수 있기 때문에 요리하기 전에는 달걀 표면을 깨끗하게 씻어주어야 한다. 특히 날달걀이나 요리가 덜 된 달걀을 먹을 경우 조리과정 중 표면에 오염되어 있던 세균들이 영유아들에게 질병을 일으킬 수도 있기 때문이다.

이유식에 사용하기 좋은 달걀 고르기

달걀에 적힌 숫자 중 가장 마지막 숫자가 사육환경을 표시한다.

산란일

사육환경: 1 방사사육, 2 축사내평사, 3 개선된 케이지, 4 기존 케이지; 1번이나 2번 달걀을 고르면 된다.

생산농장 고유번호

암탉이 알을 낳은 시기는 유통기한에서 28일을 빼면 된다.(3월 9일이 유통기한이면 2월 18일이나 19일에 생산된 달걀이다.)

냉장 보관 중인 달걀을 구입하도록 하고, 완숙으로 삶은 달걀은 냉장보관할 경우 1주일까지 먹일 수 있다.

달걀 표면의 세균을 죽이기 위해 요리를 철저히 해야하고, 예전에는 초기 이유식을 준비할 때는 난황만 따로 분리해 요리를 했지만, 요즘에는 따로 분리하지 않고 한꺼번에 난황과 난백을 사용해도 된다.

다만, 먼저 따로 따로 먹여보는 시도를 거쳐 알레르기 반응이 나타나지 않는다는 것을 확인하는 것이 우선되어야 한다.

　계란이나 계란이 풍부한 식품은 즉시 냉장 보관하거나 또는 요리 후 뜨겁게 유지하는 것이 좋고 달걀이 많이 함유된 식품은 냉장실에서 나와 2시간 이상 경과되면 바로 버리는 것이 좋다.

생선과 이유식

몇 년 전까지 생선도 알레르기 유발 식품으로 분류되어 특히 조개류 등은 1세 이전에는 먹이지 않는 것이 좋다고 권했었다. 그러나 최근에는 달걀과 마찬가지로 알레르기 예방을 위해 생선의 섭취를 지연시킬 필요는 없다는 주장과 함께 새로운 지침이 만들어졌다.

그러나 생선은 '수은'을 다량 포함하고 있을 수 있어 '수은'이 많을 것으로 예상되는 생선들의 섭취는 가급적 피하도록 하고 있다.

미국 식약청(FDA)과 환경청(EPA)에서는 아래와 같이 권고하고 있다.

먹지 마세요

Shark (상어)
Sword fish (돛새치)
King Mackerel (고등어)
Tilefish (옥돔)

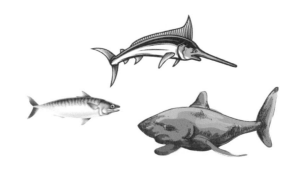

왜?

1. 높은 수은 함량이 문제
2. 수은이 비교적 덜 검출되는 생선인 새우, 참치캔, 연어, 메기, 대구 등은 비교적 이유식으로 많이 이용된다.(참치캔 중에서도 "white tuna 흰참치")는 다른 작고 다양한 참치들에 비해 수은 함량이 높은 편이다.)
3. 지역의 호수나 강, 해안 지역에서 가족이나 친족들이 잡은 물고기들은 가능한 지역주의보들을 참고하여 확인하고 먹는 것이 좋다.

우리나라에서도 상어고기를 포함한 대형 육식성 어류의 과다 섭취를 제한하여 수은 중독을 예방하기 위한 노력을 하고 있다.

핑거 푸드

생후 6개월 정도 되면 손바닥을 움직여 작은 물건을 잡을 수 있게 된다.(Palmar grasp) 좀 더 성장하여 6~8개월이 되면 엄지손가락과 다른 손가락을 이용해 물체를 집는 능력이 생기는데 pincer grasp이라고 한다.

바로 이 시점에서 아이들은 스스로 손가락을 이용해 음식을 먹기 시작할 수 있다. 이 시기의 유아들에게는 손가락으로 잡을 수 있을 정도로 작고 씹어서 삼키기 쉬운 부드러운 음식을 제공해야한다. 일반적으로 핑거 푸드로는 조리된 마카로니, 국수, 작은 빵조각, 부드럽고 잘 익은 껍질을 벗긴 과일(예, 바나나)이나 부드럽게 조리된 야채 들을 먹기 좋게 식혀주거나, 순한 치즈, 크래커나 비스킷 등을 주는 것이 편하다.

개인적인 경험으로도 일단 아이들이 핑거 푸드를 하려고 한다면, 특히 한국의 엄마들이 참기 힘든 청결의 문제는 일단 접어두는 편이 낫다. 다만, 가족들과 한 식탁에서

식사를 하더라도 유아용 트레이가 달린 의자를 따로 사용하는 편이 그나마 도움이 될 수 있다. 마트나 유아용품점에 가보면 영유아들의 이유식을 겨냥해서 턱받이들을 판매하고 있지만, 실제로 아이들에게 턱받이를 입혀주면 잘 참고 먹는 아이들이 별로 없다.

오가닉 턱받이, 실리콘으로 만들어진 턱받이 등… 다양하고 예쁜 모양들로 엄마들의 마음을 유혹하지만, 모델처럼 턱받이를 입고 점잖게 이유식을 먹는 아가들을 만나기란 …… 아마도 하늘의 별따기가 아닐까?

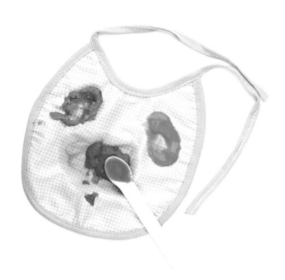

꿀

꿀은 12개월이 지나서 먹일 수 있다. 흔히들 요리할 때, 빵을 구울 때도 사용할 수 있고, 혹은 요구르트나 크래커와 함께 발라서 먹기도 한다. 꿀에는 종종 클로스트리디움 보툴리눔이라는 세균으로 오염 되어 있다. 꿀로 만든 식품들은 제조 과정에서 특정 온도 이상 가열하지 않아 클로스트리듐이 여전히 생존하여 남아있을 수 있고 이 포자들을 12개월 이전의 아이들이 먹게 될 경우 클로스트리듐이 독소를 생성하기 때문에 사망에 이를 수도 있는 보툴리누스 중독이 될 수도 있다. 돌이 지나면 이런 클로스트리듐 포자들을 체내에서 파괴할 수 있는 능력이 있기 때문에 꿀이 주는 좋은 효과를 충분히 누릴 수 있다. 꿀에는 우리의 몸에 좋은 영양성분이 많이 들어있어서 피로회복, 불면증, 신경통, 관절염, 숙취해소에 좋다. 설탕과는 달리 미네랄, 비타민 등이 함유되어 있다.

＊ 출처: https://meal-time.tistory.com/entry/꿀의-종류와-등급-유통기한-알아보자 [친절한 정보:티스토리]

꿀의 종류

꿀에는 벌꿀(토종꿀, 재래꿀, 자연꿀)과 당밀(인공꿀)이 있다. 또한 벌이 꿀을 가져오

는 식물의 종류에 따라 꿀의 종류가 나뉘기도 한다. 벌꿀은 자연에서 얻은 인류 최초의 식품으로 그리스 신들의 식량이었다고 한다. 로마인들은 꿀이 하늘에서 내리는 이슬이라고 여겼고 이후 점점 사람들이 꿀을 이용하는 방법들이 발전하면서 약용으로 사용하기도 하고 사체의 방부처리를 위해서도 사용했다. 미라의 제작과정이나 과실의 보존을 위해서 꿀이 이용되었다. 우리나라에서도 옛날부터 벌꿀을 채집하여 약이나 식품으로 사용해 왔고, 최근에는 인공적으로 벌을 길러 꿀을 채집하는 양봉업이 발달하여 꿀 생산이 더 수월해지기도 했지만 양봉업으로 생산된 꿀은 당분과 질이 떨어져 당밀이라고도 한다.

주로 우리 나라에서 유통되고 있는 꿀들에 대하여 정리한 자료가 있어 인용해본다.

종류	색	맛과 향	품질(외관)	생산지역 및 시기
유채꿀	유백색	감미롭고 풀냄새	생산 일주일 후부터 굳어진 상태로 있음	제주도. 남부지방 4월 초순~5월초
아카 시아꿀	백황색	감미롭고 아카시아향	점조성 액상이며 시일이 경과하면 미량 결정되는 경우가 있음 맛이 강하지 않아서 음식에 두루 사용하기 좋음. 피로회복, 항균효과	전국적으로 생산가능 5월 중순
밤꿀	흙갈색	맛이 쓰고 밤꽃 냄새	점조성 액으로 그대로 유지됨	영남, 호남, 경기도 등 전국일원 6월 중순
잡화꿀	황갈색	감미롭고 향기가 있음	생산 시 점조성 액상으로 유지하다가 낮은 기온이 되면 일부가 굳어짐 여러 종류의 꽃에서 가져온 꿀로 만들어짐. 시간이 지나면 층이 분리될 수 있다.	전국 일원, 5월~9월

주로 우리 나라에서 유통되고 있는 꿀들에 대하여 정리한 자료가 있어 인용해본다.

그 외에도, 싸리꿀(약간 산미가 있고 15도 이하가 되면 굳어짐), 마누카꿀(뉴질랜드에서만 자라는 마누카 꽃에서 얻은 꿀로 황금색의 점성이 있는 액체)

벌집의 위치에 따라서도 구분이 된다.

목청꿀- 야생벌이 나무에 벌집을 짓고 만든 꿀

석청꿀 – 야생의 벌이 돌 사이에 벌집을 짓
고 만든 꿀. 향이 진하고 약간 쌉쓸
한 맛이 난다. 그레이야노독이라는 독
소가 있어 과다 복용은 금지이다.

토청꿀 – 야생벌이 땅속에 집을 짓고 만든 꿀

꿀의 등급

꿀의 등급을 보려면 라벨에 "탄소동위원소비"라고 적혀있는데. 천연꿀의 값을 의미한
다. 숫자로는 마이너스 숫자가 클수록 좋은 꿀이라고 보면 된다.

-23.5%~-22.5%보다 낮으면 천연꿀로,
이보다 높으면 사양꿀로 구분할 수 있다.

사양꿀은 개화시기와 상관없이 연중 생
산이 가능하지만 단맛을 내는 조미료로서
저렴하게 구입할 수 있고, 천연꿀은 꽃이
피는 시기에만 생산이 가능하고 비타민, 무
기질 함량이 높지만 가격이 비싼 편이다.

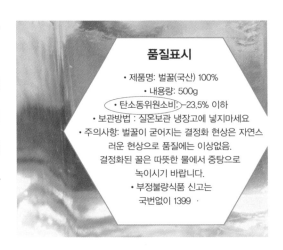

꿀의 보관과 유통기한

꿀은 유통기한이 없는 식품이라고 한다. 꿀에는 세균이 살 수 없기 때문인데, 꿀을 보
관할 때 수분이 들어가지 않도록 하는 것이 좋고, 개봉한 꿀은 10도 전후 온도의 건조한
곳에서 보관하고, 침이나 이물질이 묻은 숟가락이 꿀에 닿지 않도록 한다.

수분 보충, 물, 음료

생리적으로 수유만 진행 중인 4~6 개월 이전의 아이들에게는 따로 물을 더 줄 필요는 없다. 수유량만으로도 아가의 하루 필요한 수분량을 채울 수 있다. 그러나 이유식을 시작하고 나서부터는 소량씩 물을 따로 먹일 수 있는데 보통 하루 4~8 온스(120~320cc) 정도를 나누어서 먹이면 된다.

카페인이 들어있는 커피나 차는 물론 영유아들에게 따로 먹이지 않도록 한다. 허브티의 경우 우리나라에서는 아직까지는 직접 구입하기보다는 주변 지인의 추천이나 선물로 받아서 아기에게 먹이게 되는 경우가 많다. 게다가 아직까지 다양한 종류의 허브티가 영유아들에게 안전한지에 관한 연구 자료도 부족하다. 게다가 허브티를 먹인 아가들 중에는 영아 산통이나 복통을 호소하기도 하고, 스타 아니스 차의 경우 너무 강한 허브의 성분 때문에 발작, 초조함, 과흥분, 구토 또는 근육경련을 일으킨 예도 보고되었다. 간손상과 중추신경계 손상을 일으켰다는 보고도 있다.

간혹 에이드나 탄산수, 스포츠용 음료, 아이스티와 같은 음료들에 대해 어른들이 따로 주의를 기울이지 않고 조금씩 아이들 컵에 나누어 주기도 한다. 나도 우리 조카들에게 별다른 생각없이 나누어주고 했던 기억이 난다. 그러나 실제로 이들 음료들은 당성분이 높게 함유되어 있어 아이들에게 주지 않는 것이 좋다. 위의 음료들에 들어있는 당 들은 발효성 탄수화물이어서 충치를 촉진할 수 있다. 드물지 않게 아이들이 아플 때도 이런 음료수를 먹이는 보호자들도 있다. 특히, 설사나 구토가 심하여 탈수가 의심되는 아가들에게 탈수를 치료하는 목적으로 음료를 먹이기도 하는데 이는 오히려 탈수 증상을 악화시킬 수도 있다. 만일 아이가 정말 설사가 심해 탈수 증상이 의심이 된다면 의사의 처방을 받아 탈수 치료를 위해 따로 만들어진 전해질 용액을 먹여야 한다

이유식을 위해
준비해야 할 것들

이유식 전용 냄비

개인적으로 나는 이유식 전용 냄비를 따로 준비하지는 않았다. 예민한 주부들은 가족들 식사를 위해 사용하는 냄비에는 여러가지 냄새나 간 등이 배어 있어 아기의 음식에 맛과 냄새, 위생면에서 소홀해질 것을 염려하기도 한다.

이유식용 계량컵 또는 계량스푼, 계량용 저울, 실리콘주걱

보통은 계량컵을 따로 사용하기보다는 대충의 눈대중으로 필요량을 맞추어 조절하지만, 이유식은 워낙 소량씩 만들거나, 한꺼번에 만들어 따로따로 나누어 보관하기도 하기 때문에 계량컵이 필요한 경우가 있다. 필자의 경우는 500cc계량컵 하나로 충분했다.

이유식에 관한 책을 토대로 이유식을 만들거나, 아이가 먹는 음식이니 만큼 정량으로 세심하게 만들어야 한다고 생각하는 엄마들은 계량스푼을 사용하기도 한다.

이유식용 그릇과 스푼

플라스틱 그릇이 아이들에게는 비교적 안전한 편이면서 파스텔 색상으로 예쁘게 나와 있어 아이들의 관심을 끌기에도 좋아 많이들 사용하지만, 위생을 더 중시하는 가정에서는 유리나 도자기, 트라이탄*과 같은 재료들을 사용하기도 한다.

우리는 플라스틱 그릇도 사용했지만, 위생적인 차원에서 스테인리스 용기도 종종 사용하곤 했다. 하지만, 외출을 하거나 한꺼번에 만들어 놓은 이유식을 나누어 냉장고에 넣어둘 때는 개인적으로는 글라스락 소형용기와 얼음용 트레이나 이유식용으로 만든 실리콘 트레이를 사용하기도 했다. 한꺼번에 너무 많은 음식을 해 두면 오히려 게을러지기도 하고, 아이도 1~2가지 만들어 둔 음식을 번갈아 먹어야 해서 어

느 정도는 지겨울 것이라는 생각이 들 수 도 있다.

물론 다채롭게 이유식을 먹이는 것처럼 아이들의 성장 발달에 좋은 것은 없다는 점도 간과할 수 없는 사실이기도 하다. 스푼은 너무 무거운 것은 피하는 것이 좋으니 가벼운 플라스틱이나 실리콘으로 만든 것이 좋다.

트라이탄이란?

PCP 소재의 플라스틱으로 미국의 화학업체인 이스트만 사에서 개발했다. 폴리카보네이트(PC)를 대체하기 위해 나왔는데 내열성과 내구성이 우수하며, PC의 원료 중 하나인 환경호르몬, 내분비교란물질로 알려진 비스페놀 A(Bisphenol-A)가 검출되지 않는다고 한다.

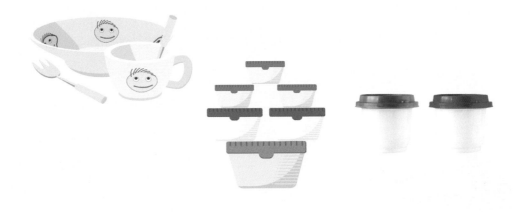

턱받이

처음 이유식을 시작하면 엄마가 매번 떠먹여 주지 않으면 흘리지 않고 깨끗하게 음식을 먹기란 정말 힘든 문제다. 게다가 핑거푸드를 먹는 아이들은 얼굴과 손, 옷과 주변 모

두가 사차원의 세계가 되는 일도 허다하다. 조금이라도 깔끔하게 먹어 주기를 바라는 엄마의 마음을 담아 턱받이를 입혀주지만 나는 개인적으로 턱받이를 얌전히 한 채로 먹는 아이들을 보지 못했다. 우리집 꼬마들도 턱받이를 입혀주자마자 짜증을 내면서 스스로 벗어 던지는 일이 허다했으니까… 결국은 실패해서 거의 사용하지 않은 새것으로 지인들에게 선물하면서 작별을 했다…

이유식 의자

이유식을 처음 시작하는 아이라도 첫 시작을 가족과 함께 한다면 훨씬 효과적일 것이다. 가족들의 눈높이에 맞추어 함께 먹는 음식이 어떤 것들이 있는지 탐색할 수 있는 기회를 얻을 수도 있다.

핸드블렌더

특히 초기 이유식을 준비하면서 쌀가루가 없을 땐 쌀을 갈아서 사용하기도 하고, 고기를 다지거나 감자나 채소 등을 갈아서 퓨레나 죽 등 아기가 먹기 좋게 음식을 만들기 위해 핸드 블렌더가 필요하다. 나는 도○비를 주로 사용했는데, 이유식 만들기 전부터 지금까지도 유용하게 사용하고 있다.

그 외의 것들은 조리하는 사람에 따라 필요로 하는 기구들이 조금씩 다르지만, 대부분 가정에서 사용하는 용품들이고, 아기용이라고 따로 구입해서 사용하기 보다는 늘 사용하는 것들 한 번 더 세척해서 사용하는 정도로 충분하다. 개인적으로도 첫째 조카는 정성을 다해, 청결에 유난히 신경을 써가며 키웠지만, 오히려 소심하고 내향적인 성격으로 자라는 모습을 보면서 과연 잘하는 육아가 무얼까?하는 질문만 스스로에게 자꾸 하게 되는 것 같다.

PART 4

아이 주도형 이유식
(BLW, BABY-LED
WEANING)

아이 주도형 이유식

1
아이 주도형 이유식
(Baby-Led Weaning)

　최근 약 10여년 전부터 유럽을 중심으로 인기를 끌기 시작한 이유식 방법의 하나로 '아이 주도형 이유식(Bay-Led Weaning)'을 소개하고자 한다. 국내에서는 비교적 최근에 소개되어 엄마들 중심의 맘카페를 통해, 혹은 입소문을 타고 점점 인기가 오르고 있다.

　아이 주도형 이유식이 보편적인 이유식과 가장 큰 차이는 보편적인 이유식은 4~6개월에 시작할 수 있고, 처음엔 부드러운 퓨레나 죽과 같은 음식을 엄마가 스푼으로 먹여주지만, 아이 주도형 이유식은 최소 6개월 무렵부터 시작하게 되며, 엄마가 먹여주는 수동적인 식사가 아닌 아기 스스로 손가락을 이용해 먹고 싶은 음식을 집어먹는 형태라는 점이다. 아이가 스스로 먹고 싶은 음식을 선택하고 엄마나 부모의 도움없이 스스로의 손가락으로 음식을 먹는다. 그러다보니 당연히 모유수유만 유지하는 기간이 최소한 6개월 이상이 된다는 점과, 이 시기에 부족해지기 쉬운 철분을 보충하기 위해 특별한 조치를 취하지 않기 때문에 영양면에서 부족할 수 있다는 걱정과, 아이가 손가락으로 집어먹기 쉽게 으깨어 주거나 작은 조각으로 만들어 주는 경우 먹다가 목에 걸려 호흡곤란이 생길 수 있다는 걱정을 안 할 수가 없다.

　처음에는 음식을 가지고 장난을 하거나 놀기도 하고 먹는데 큰 관심이 없더라도 억지

아이 주도형 이유식을 시작하는 시기를 정하기 위해서는
몇 가지 조건을 만족시켜야 한다.

1. 다른 사람의 도움없이 스스로 앉아 있을 수 있으면서 목과 머리를 잘 가눌 수 있어
   야 한다.
2. 혀로 음식을 밀어내는 반사 작용이 적어야 한다.
3. 손으로 스스로 주변에 있는 물건이나 음식물을 집어먹으려는 행동을 한다.
4. 가족이나 주변 사람들이 먹고 있는 음식이나 식사에 관심을 보이는 시기여야한다.
5. 무엇보다 아이가 혼자 따로 식사를 하는 것이 아니라 가족의 식탁에 함께 앉을 수
   있어야 한다.

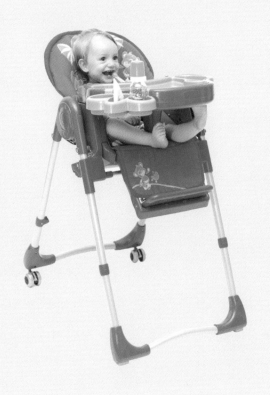

로 음식을 먹도록 강요하지 않고 기다려 주는 인내심이 무엇보다 중요하다. 이유식을 먹기에 안전한 장소는 보통 식탁에서 식사하는 가정을 기준으로 할 때 유아용 의자를 따로 사용하는 것이 좋다. 다른 가족들과 식탁에 들러 앉아 있을 때도 앉은 키가 작은 아가들을 고려해 의자 다리가 일반 의자들에 비해 길어 가족들의 식탁에 어울려도 아이가 비슷한 높이에서 식사를 누릴 수 있어야 한다. 우리나라의 경우 식탁을 사용하지 않는 가정에서는 좌식용 의자를 사용하기도 한다.

유아용의자는 트레이에서 쉽게 음식을 집어 올릴 수 있어야 하고 아가의 등이 눕지 않고 곧게 펴야 한다. 가능한 부모와 아이가 마주보고 앉아서 서로 눈을 맞출 수 있는 것이 좋다.

BLW의 가장 큰 특징은 아이가 처음부터 가족과 같은 시간에 같은 식탁에 둘러 앉아 식사를 한다는 점과, 처음에는 완전한 액상보다 약간의 고형 성분이 느껴지는 퓌레(우리나라의 경우 쌀미음)를 따로 만들어 먹여주는 것이 아니라 가족들이 먹는 음식들 중 일부 주재료들을 따로 '아이 주먹' 만한 크기로 만들어 두면 아이가 스스로 관심이 가는 음식을 손으로 집어먹을 수 있도록 한다(hand-held food; Finger-food)는 점이다. 무엇보다 아이 스스로 무엇을 먹고, 어떻게 먹고, 얼마만큼의 양을 얼마나 빨리 먹을지 결정해야 한다는 점은 매우 혁신적이라는 생각이다.

그러다보니 일반적으로 4~6개월에 이유식을 시작하는 것과는 달리 이유식을 시작하는 시기가 충분히 자기 손으로 음식이나 물건을 집어 입으로 가져갈 수 있는 만큼의 발달을 전제로 하기 때문에 최소 6개월에서 9~10개월 정도까지 아이 주도형 이유식을 시

행하는 가정이나 지역, 국가에 따라 시작 시기가 조금씩 차이가 있다.

생후 6개월이 되면 모유수유만으로는 아이가 필요로 하는 영양소를 충분히 섭취할 수 없게 되어 이유식으로 보충한다는 일반적인 이유식과는 달리 이 시기에 특별히 철분이 나 아연과 같은 영양소를 먹이지 않으면 영양 부족이나 칼로리 부족, 그에 따른 성장 발 달 지연과 같은 문제점들을 제기할 수 있다. 그러나 이 부분에 관하여 비교하여 연구를 진행한 논문들을 정리한 바에 의하면 철분의 부족이나 성장 발달에 있어 고식적인 방법 과 아이 주도형 이유식으로 진행한 아이들 간에 별다른 차이가 없었다고 한다.

아이 주도형 이유식을 하려면
어떤 음식으로 준비하는 것이 좋을까?

요즘은 서점에 나가보면 '아이 주도형 이유식'이라는 제목을 달고 있는 이유식 관련 서적을 적지 않게 발견할 수 있다. 그러나 대부분이 일반 이유식에 관한 책처럼 아이 주도형 이유식에 관한 실질적인 의미와 방법을 소개하기보다는 결국 이유식에 관한 요리책이 많아서 저자도 개인적으로 많이 실망스러웠던 기억이 있다.

아이 주도형 이유식은 아이를 위한 특별식을 만들어주라는 뜻이 아니라 아이들 이유식의 시작이 가족의 식탁에서 이루어져야 한다는 점을 간과해서는 안 된다.

단지 핑거 푸드를 만들어서 따로 먹이는 행동으로는 충분하지 않다. 식탁에 둘러앉아 아이만 먹을 수 있는 음식을 따로 만들기보다는 어른들의 식사를 아이에게 맞추도록 하고 (너무 짜고 매운 음식은 피하도록 한다.) 그런 어른들의 식사 중 몇몇은 따로 어른 새끼손가락만한 굵기의 가는 조각으로 만들어주다 점점 아이들이 먹는 기술이 좋아지면 점

점 크기와 굳기를 조절하여 작은 깍둑썰기만한 크기의 음식으로 바꾸어 주는 것이 좋다.

만일 온 가족이 함께 모여 식사하는 시간을 갖기 어려운 가정이라면 가족 중 한 사람만이라도 아이와 함께 식사하는 시간을 갖도록 하거나, 아이가 식사하는 동안 한 테이블에서 스낵을 먹어서라도 함께하는 것이 중요하다. 말하자면, 아이 주도형 이유식은 단순히 아이의 영양 보충이나 식사를 제공하는 것 외에 가족들과 함께 식사 시간을 공유하는데도 큰 의미가 있다.

아이들의 관심을 유도하고
먹는 것을 강요하지 않도록 한다!

아이 주도형 이유식은 아이들 스스로 먹는 것을 선택하도록 하는 것이다. 가족의 식탁에 관심을 보이는 아이들이 함께 참여할 수 있는 기회를 제공하는 것이 중요하고, 아이가 어떤 음식을 선택하고 얼마만큼을 먹을 것인지를 스스로 결정하도록 하는 것이다. 엄마나 함께 식사하는 가족들이 음식을 집어서 아이의 입에 넣어 주는 일은 없어야 한다. 특히 한국의 할머니들은 사랑하는 손주들이 잘 먹고 건강하게 자라라는 사랑의 크기만큼 먹는 것에 대해 강요하는 경향이 있기도 하다.

아이 주도형 이유식의 경제적 장점

최근 들어 유럽을 비롯하여 국내에서도 시판 이유식이 점점 인기를 끌고 있다. 특히 유럽의 경우엔 아예 소아과 의사들이 부모에게 시판 이유식을 권유할 정도로 위상이 높아져 있는데, 이런 사고 방식은 무엇보다 엄마의 시간과 노동에 대한 배려의 차원이라는 점에서 무조건 집에서 이유식을 만들어 먹여야 한다는 전통적인 관습에 비해 매우 파격적인 방향이라고 볼 수 있다.

엄마는 당연히 아이를 낳고 키우면서, 독박 육아가 당연하고 가족과 아이들을 위해 자신을 희생하는 것이라는 생각이 얼마나 많은 부작용을 초래하는지 모른다. 가장 대표적인 것 중, 최근 뉴스나 미디어 들로부터 크게 보도되고 있는 신생아나 영유아의 학대, 유기와 같은 일들은 아예 범죄의 한 분야로 받아들여지고 있는데다 특히나 대중으로부터 혐오 범죄라고 더더욱 비난을 받고 있다. 사실 그 안에 들어있는 많은 크고 작은 진실들을 들여다 본다면 어느 면에서 너무나 안타까운 사례들도 많다.

아이 주도형 이유식은 특히 가정에서 이유식을 만들어주는 부모들에게 이유식을 따로 준비하기 위한 재료와 장비, 따로 먹이기 위한 시간 등을 경제적 가치로 환산한다면 꽤나 유용한 방법이다. 이유식 자체를 가족의 식탁에서 해결하고, 단지 아이가 접근하기 쉬운 형태로 변형시켜주면서 차라리 가족들의 식사를 조금 달리해서 아이의 입맛에 맞추어 줄 수 있게 되면 경제적인 측면이나 시간, 그리고 가사 노동에 더하여 아이들 식사를 위한 열외의 노동이 추가되는 부작용을 줄이는데 매우 만족할 만한 효과를 줄 수 있다.

어떤 음식을 선택하면 좋을까?

아이 주도형 이유식은 사실상 아이들을 위한 특별한 음식을 조리할 필요가 없다.

그러나, 아이와 겸상을 하게 되는 가족들의 식사는 아이의 발달에 적절한 음식으로 준

비해야 하고, 아이의 작은 두 손가락(엄지와 검지)을 사용해 먹을 수 있을 만큼 잡기 쉽

고 부드러워 소화력이 부족한 아이도 잘 적응할 수 있도록 배려해 주어야 한다.

어떤 음식이든 작고 가느다란 막대와 같은 형태로 이유식을 시작하고 점차 크기를 늘려가고, 조금 덜 단단한 정도로 변화를 주어야 한다. 아이가 먹는 부분에서 기술적으로나 소화기의 발달면에서 점차 향상되는 모습을 관찰하게 되면 점차 어른들의 식사 형태를 따라갈 수 있다.

아이 주도형 이유식의 장점

아이 주도형 이유식도 당연히 장단점이 있을 수 있다.

또 모든 아이들에게 똑같이 적용할 필요도 없고, 아이의 발달과 호기심과 같은 기질, 가족의 분위기 등에 따라 개별적으로 선택하는 것이 현명한 방법이라고 할 수 있다. 그럼에도 불구하고 아이 주도형 이유식이 많이 보급되고 있는 장점 몇 가지를 소개한다면, 첫째, 아이 주도형 이유식을 선택한 경우, 비만의 위험이 현저하게 낮아졌다는 점이다. 이부분에 대하여는 몇몇 유용한 논문들이 발표되기도 했다.

둘째, 전통적인 이유식에 비해 아이 주도형 이유식은 좀 더 아이가 처음부터 먹을 수 있는 음식의 범위가 넓고 다양한 음식을 맛보게 된다.

셋째, 아무래도 스스로 관심이 가는 음식을 찾아서 먹게 되기 때문에 아이들의 움직임이 능동적이고, 운동 발달면에서 훨씬 유익하다.

넷째, 매 끼니마다 식사를 준비하는 주부들의 식사 준비에 대한 스트레스를 줄일 수 있다. 사실 주부들의 많은 스트레스들 중 이 부분에 대한 부담을 줄이는 것만으로도 상당히 많은 짐을 내려 놓을 수 있게 된다.

다섯째, 우려하는 바에 비해 오히려 아이들이 다양한 음식을 먹게 되고, 또 가급적 주부들도 평소 먹는 식사에 비해 좀 더 영양면에서 신경을 쓰게 되면 철, 아연의 결핍이나 열량이나 에너지의 결핍과 같은 문제들이 전통적인 이유식 과정을 거치게 되는 아이들과 비교해도 큰 차이가 없다는 것이다.

　여섯째, 처음부터 아이들이 직접 집어먹는 음식으로 대부분이 작은 조각의 형태로 제공되기 때문에 먹다가 사레가 걸리거나, 더 심한 경우 먹던 음식이 목구멍에서 기도로 넘어가 질식을 일으킬 수도 있을 것 같다는 걱정을 많이들 한다. 하지만, 질식으로 인한 문제로 고생하는 경우도 역시 전통적인 이유식으로 진행하는 경우와 별다른 차이가 없다. 이 부분에 대하여도 많이들 걱정하는 바, 많은 사람들이 질식의 발생에 대한 차이를 비교한 연구들을 진행했으나 두 집단간의 차이가 별로 없었다는 결론을 얻었다.

아이 주도형 이유식의 단점은 없을까?
　흔히 숟가락으로 일정량을 떠먹이는 이유식은 아이에게 턱받이 정도만 걸어주면 별다

른 어려움없이 식사를 마칠 수 있다. 그러나 아이가 스스로 먹을 수 있는 주도권을 쥐게 되면 아이가 식사하는 공간은 절대로 깨끗할 수가 없다. 아이의 운동 조절력이 부족하기 때문이기도 하지만, 호기심과 놀이를 겸한 식사는 온통 아이의 관점에서 즐거운 식사가 되지만, 식사를 마친 후 정리를 해야 하는 사람은 아연실색을 하게 된다. 사방팔방 어지르고 떨어뜨리고, 옷이며 얼굴이며 온통 눈뜨고 보기 어려운 정도가 되는 일이 흔하다. 그래서 아이 주도형 이유식을 하기로 마음먹었을 때는 아예 식사 후 갈아 입힐 옷도 준비하고 청소할 준비도 하고 있어야 한다.

가족이 둘러앉아 식사할 때 같은 식탁에 앉게 된 아이는 얼마나 신기할까? 온통 호기심으로 가득한 아이에게 주어지는 적당하게 먹기 좋은 크기의 부드러운 고형식들을 보면서 스스로 손을 내밀어 관심이 가는 음식을 가져다 먹는다는 행위 만으로도 아이가 느끼는 성취감이 얼마나 클지 상상이 될 것도 같다.

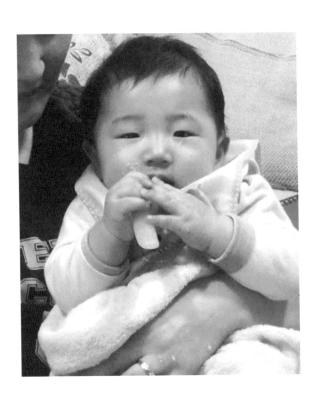

아이 주도형 이유식은 언제부터 시작하면 좋을까?

영유아의 성장발달 과정과 이유식

아이들은 4개월경이면 스스로 팔을 뻗쳐 물건을 잡을 수 있게 되며, 5~6개월에는 손에서 손으로 물건을 옮겨 잡을 수도 있고, 도움 없이 혼자 앉아 있을 수도 있다. 8개월 즈음에는 엄지와 검지 손가락만으로도 콩처럼 작은 물건을 잡을 수 있다. 따라서 우리 아가들이 생후 6개월 즈음이면 스스로 원하는 음식을 자연스럽게 집어먹을 수 있게 된다.

기존의 이유식에 대한 WHO 기준 가이드라인에 의하면 6개월 무렵 퓌레(묽은죽) 수준의 음식을 숟가락으로 아기에게 먹여주다가 시간이 지나면서 점점 고형식에 가까운 음식으로 바뀐다. 9~10개월이 되면 성인과 비슷한 수준의 질감을 가진 음식을 씹어 먹

을 수 있게 되는 데, 이 시기부터 핑거푸드가 가능해지지만 청결과 습관의 문제에 집착하는 부모님들의 노력으로 핑거푸드는 디저트 혹은 간식의 정도에 그치고 여전히 숟가락으로 떠 먹는 식사가 주를 이루게 된다. 빠르면 돌이 지나면서 아이는 가족과 함께 한 식탁에 둘러 앉아 식사에 참여할 수 있는 권리가 주어진다. 하지만 이유식에 관한 가이드라인은 나라나 지역에 따라 그 지방의 풍습이나 관습, 지형이나 생활 환경에 따라 다양하고 선호하는 음식이나 이유식의 질감의 정도도 다 다르다.

한 연구에 의하면 영국의 경우 처음 이유식을 시작할 때부터 핑거푸드가 제공되지만, 뉴질랜드의 경우 처음엔 유동식으로 시작해서 7개월이 되면 핑거푸드를 제공하도록 권장하고 있다고 한다. 좀 더 자세히 들여다보면 우리 나라의 경우가 뉴질랜드와 비슷한 경우인 것 같다.

최근 약 5~7년 사이에 '아이 주도형 이유식'의 인기가 점점 높아지는 추세이다. '아이 주도형 이유식'의 가장 큰 특징은 엄마가 이유식의 주도권을 잡고 음식의 종류와 양, 먹는 시간과 방법 모두가 결정해야하는 전통적인 이유식과는 달리, 처음부터 아이가 먹고 싶은 음식을 아이 스스로 선택할 수 있고, 얼마나 먹고, 어떻게 먹을 것인가도 결정하게 되면서 아이의 독립심과 함께 가족 구성원으로 받아들여진다는 유대감도 보다 일찍 배울 수 있게 된다.